MONBARS

L'EXTERMINATEUR.

MONBARS
L'EXTERMINATEUR
OU
LE DERNIER CHEF
DES FLIBUSTIERS.

ANECDOTE DU NOUVEAU MONDE;

PAR J.-B. PICQUENARD.

Le généreux vainqueur a cessé le carnage;
Maître de ses guerriers, il fléchit leur courage.
Ce n'est plus ce lion, qui, tout couvert de sang,
Portait, avec l'effroi, la mort de rang en rang;
C'est un dieu bienfaisant, qui, laissant son tonnerre,
Enchaîne la tempête et console la terre.

HENRIAD. *Chant VIII.*

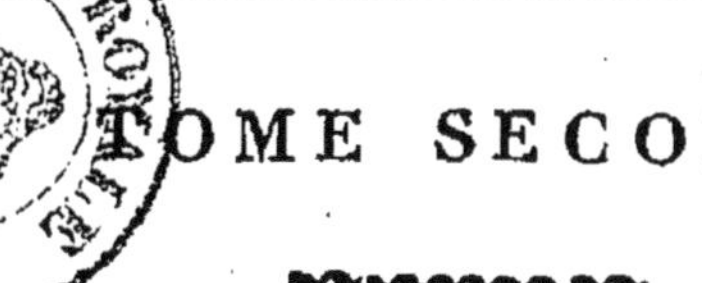

TOME SECOND.

A PARIS,
Chez GALLAND, Libraire, rue Saint-Thomas-du-Louvre, n° 32.

1807.

MONBARS

L'EXTERMINATEUR

OU

LE DERNIER CHEF DES FLIBUSTIERS.

CHAPITRE IX.

Fin de la punition de Francisque. Caractère et projets de Monbars.

ANTONIN, au bout de quelques jours, avait déclaré à Monbars que la nature de sa maladie annonçant devoir être longue et dangereuse, il le prévenait qu'il ne serait pas prudent que son ami restât auprès de lui plus long-temps. A ces mots, quel fut l'étonnement du moine, lorsqu'il vit Monbars se lever à demi, et lui dire : « Je vous remercie de votre avertissement, mon frère, vous m'avez bien jugé, la mort ne m'effraie point; faites seulement en sorte que je reste quelques instans sans témoin avec mon ami. » Antonin voulut vainement lui dire qu'il avait mal interprêté son avis, que toutes les maladies contagieuses n'étaient pas mortelles; qu'il était loin de désespérer de ses jours, mais qu'il était inutile de multiplier les victimes; enfin, que s'il avait pris sur lui de lui faire cet aveu, c'est qu'ayant averti son ami de ses dangers, celui-ci avait persisté à rester à ses côtés. Monbars sourit, le remercia et réitéra sa prière; il fut obéi. A peine Scott fut-il entré qu'il lui donna l'ordre de partir, et de réunir sur la côte sud de Saint-Domingue dix vaisseaux bien armés et quatre-vingts Flibustiers. Il ajouta : « Que tous tes préparatifs, mon cher William, soient faits dans six semaines, tu viendras me rejoindre; si je ne puis me mettre à la tête de mes braves, tu recevras mes ordres : si je n'existe plus, un frère de la côte te remettra les plans de l'expédition que je projette. » Scott mit un genou en terre, prit la main de Monbars, la baisa avec respect, et partit. C'était la formule d'obéissance qu'employaient les lieutenans envers leur chef, quand ils en avaient reçu des missions qui les forçaient à s'en séparer.

Monbars avait la liste des frères de la côte qui habitaient les ports de Léogane, du petit Goave, et de Jérémie. Il fit venir de ce dernier endroit *Limeric*, ancien Flibustier, homme d'une rare intelligence, et s'en fit reconnaître. Limeric se prosterna, lui jura dévouement, et attendit ses ordres. Je sais, lui dit Monbars, que tu as un fils nommé Jules, âgé de vingt ans, que tu destines à la Flibusterie ; mets-le à ma disposition. Limeric, plein de reconnaissance et de joie, se disposait à l'aller chercher, lorsque son chef en l'arrêtant, ajouta : Tu sais si je trouverai en lui discrétion et fidélité? Limeric l'assura que le jeune homme avait fait ses preuves, et partit.

Antonin avait été frappé du courage de Monbars; ce sang-froid, cette disposition à quitter la vie à la fleur de l'âge, cette élévation de caractère qui perçait dans ses moindres discours, l'intéressèrent plus vivement encore au sort de son malade. Cependant la fièvre faisait des progrès rapides, et Antonin lui-même commençait à courir les plus grands dangers; Monbars s'en apperçut, il lui adressa la parole en ces termes : Il est inutile, mon frère, de multiplier les victimes, c'est vous qui l'avez dit; j'exige que vous me laissiez passer seul les jours critiques de cette maladie; si j'en triomphe je vous reverrai avec plaisir; si j'y succombe, ordonnez que mon corps soit préservé d'une destruction subite; des amis viendront le réclamer, vous le leur livrerez; et tirant un porte-feuille de son sein : Faites agréer de ma part ce don de cinq mille piastres à votre supérieur, dites-lui que c'est en reconnaissance des soins que j'ai reçus dans cette maison, et du service que je réclame quand je ne serai plus. Pour vous, frère Antonin, vous ne me refuserez pas cette bague, assez inutile, je le sais, à un homme de votre état, mais qui par sa valeur peut un jour vous mettre à même de soulager quelques malheureux. Antonin stupéfait de la richesse de ces présens, voulait et ne savait que répondre. La bague était à l'un de ses doigts et le porte-feuille entre ses mains, qu'il l'ignorait encore; mais Monbars résolu d'échapper à l'effusion de sa reconnaissance, et ne voulant pas lui laisser le temps de la réflexion, prit l'un de ses pistolets de ceinture qu'il tenait toujours cachés sous ses oreillers, et couchant le moine en joue, il lui dit d'une voix forte : Puisque l'on ne peut plus se faire obéir après sa mort, sortez et respectez au moins la volonté d'un mourant. A ce mouvement brusque, à l'air menaçant du malade, Antonin confondu, effrayé, recula quelques pas, et sortit sans répondre en se livrant aux plus étranges réflexions.

Quelques instans s'étaient à peine écoulés que Monbars tomba dans d'affreuses convulsions. Mais, oh! pouvoir de la nature! ces convulsions amenèrent une crise favorable. La maladie, qui se concentrait sur les organes intérieurs, reflua vers l'épiderme; la peau, depuis long-temps brûlante et desséchée, commenca à se détendre, et déjà la transpiration cherchait une issue au dehors; bientôt une sueur fétide mais abondante vint mettre un terme à ses souffrances, et rafraîchir ses entrailles corrodées par la force du mal : un profond sommeil s'empara de ses sens.

Cependant Antonin toujours en proie à ses peines, agité d'un sombre désespoir, s'était levé pendant la nuit; il avait pénétré jusqu'au lit de Monbars. Il semblait braver son mal, et ne plus envisager que la porte de la mort pour échapper à sa situation déplorable. Quel fut son étonnement quand il reconnut l'effet de cette crise aussi extraordinaire qu'inespérée! un mouvement de joie fit palpiter son cœur, car l'étranger l'intéressait vivement. Il le fit changer de linge avec une précaution extrême, et se retira en le laissant plongé dans un parfait repos.

Le présent considérable que Monbars avait fait au père supérieur avait singulièrement excité la curiosité des moines ; et comme on sut que le malade avait eu plusieurs entrevues avec le gouverneur, l'on jugea que ce ne pouvait être qu'un puissant prince étranger qui voyageait sous le voile de l'incognito. Antonin n'avait pas instruit sa communauté du don qui lui avait été fait d'un diamant de grand prix, car il comptait le rendre à Monbars, persuadé qu'il ne s'en était défait que parce qu'il avait cru sa situation désespérée. Sur ces entrefaites, le fils de Limeric arriva : ayant demandé à être introduit auprès de l'étranger, Antonin répondit qu'il fallait attendre son réveil, et Jules fut installé dans une chambre du pavillon que Monbars avait fait disposer pour le recevoir. Les moines entourèrent le jeune homme pour savoir quel était le malade ; mais Jules avait sa leçon faite, il répondit avec une simplicité apparente, que c'était un riche négociant danois, dont il venait régler les écritures.

M. de Kervarec ne voulait pas lever les arrêts de Francisque que le jeune homme ne lui eût promis de nouveau de ne plus danser, et de renoncer à toutes démarches galantes avant le temps convenu; mais Francisque persistait à ne plus s'engager aussi légèrement. — Sucrebleu! monsieur le drôle, disait le capitaine, à votre âge je n'avais pas encore osé regarder une femme en face. — Capitaine, vous m'avez dit qu'à mon âge votre oncle vous avait tenu trois ans à bord de son vaisseau sans vous en laisser descendre : or, j'ai dix-sept ans, dix-sept et trois font bien vingt; vous conviendrez que de cette manière il est facile d'atteindre sa majorité sans faire de sottises? M. de Kervarec se mordait les lèvres et disait à voix basse : on ne peut rien dire devant les enfans!

— Enfin, monsieur le drôle, que prétendez vous faire ? voulez-vous garder les arrêts jusqu'à mon embarquement ?

— Tout comme il vous plaira, capitaine ; mais la leçon que j'ai reçue est assez forte, et je ne promettrai désormais que ce que je pourrai tenir. M. de Kervarec dans le fond de son cœur était enchanté du caractère que développait Francisque, mais il ne voulait pas terminer cette scène qu'il avait commencée avec tant de gravité, par une capitulation honteuse. Il avait encore sur le cœur la première convention qu'il lui avait fait signer ; il répondit à Francisque en ces termes : Consultez-vous bien, monsieur ; *rien ne vous manquera ici* ; mais, ou vous garderez les arrêts jusqu'au moment de mon départ, ou vous me ferez des propositions acceptables. Il le quitta brusquement en achevant ces mots.

Vavincourt s'ennuyait de ne pas voir

Francisque ; la présence de ce jeune homme le réjouissait ; il lui trouvait une gaieté si franche, une vivacité, des reparties si piquantes, qu'il lui semblait déjà en ne le voyant plus à sa table, qu'il lui manquait quelque chose. Il en parla à M. de Kervarec : Cessez, mon cher capitaine, une punition qui retombe sur nous ; Francisque est un garçon charmant, que vous traitez avec trop de rigueur ! — Mon cher hôte, répondit gravement le marin, monsieur Francisque est un drôle qui vous a manqué — à moi ? je suis encore à m'en appercevoir. Alors le capitaine lui raconta tout au long l'escapade du jeune enseigne. A ce récit, écouté avec beaucoup de curiosité, Vavincourt partit d'un éclat de rire : — Je vous avoue, mon cher capitaine, que votre rigidité et m'amuse et m'étonne ; mais n'avons-nous pas eu dix-sept ans aussi? Corbleu! je me souviens qu'à cet âge j'étais un égrillard !... Estella est jolie, Francisque est un militaire fort aimable qui lui plaît ; allons, allons, ne nous mêlons pas des affaires de ces jeunes gens : il y a comme cela dans la vie une foule de choses qu'il ne faut voir et entendre qu'en courant ; c'est parce qu'en tout on exige des hommes des efforts que la nature condamne, que l'on voit tant d'hypocrites dans le monde. Au surplus, si vous étiez un peu plus au courant des usages de cette colonie, vous sauriez que ce n'est point insulter un maître ni lui manquer, que de rendre hommage à la beauté de ses esclaves. Nous exerçons ici, ajouta-t-il en riant, l'antique hospitalité des Athéniens. — Mais, mon cher hôte... — Allons, allons, capitaine, rendez-nous Francisque ? — Je ne suis pas plus sévère qu'un autre ; mais Francisque a les passions très-vives, et de la galanterie au libertinage le pas est glissant. — Je vous arrête, capitaine ; on n'est jamais libertin à dix-sept ans, c'est en vieillissant que ce vice gagne les hommes : d'ailleurs, les femmes sont ici surveillées avec exactitude, et si nos amoureux peuvent se trouver en tête à tête un seul quart-d'heure en huit jours, je vous réponds qu'ils seront adroits et qu'ils ne devront cette passagère faveur qu'aux sinuosités du jardin anglais. Faites attention au surplus, que pour obvier à un très-petit inconvénient vous allez donner lieu ici à des observations qui causeront plus de scandale que le mal même. L'absence prolongée de Francisque... — Je vous entends, mon cher hôte, reprit vivement le capitaine en se levant, et je vais aller rêver dans le jardin aux moyens de délivrer notre étourdi sans compromettre mon autorité. Il sortit en laissant Vavincourt satisfait par cette promesse.

Antonin épiait le réveil de Monbars. Ce dernier sortit enfin de ce long assoupissement, et se trouva dans les bras du moine. — Vous êtes sauvé ! s'écria-t-il, avec transport, — Eh bien ! mon frère, répondit froidement le chef des Flibustiers; y a-t-il là de quoi tant se réjouir ? — Mais la santé d'un homme bienfaisant est si chère à l'humanité ! — Mon frère, dit Monbars, j'attache à la vie peu d'importance. — Eh quoi ! jeune encore et riche, l'existence serait pour vous sans charmes ? Allons, dit à part Antonin, c'est encore une victime de l'amour, n'en doutons pas ! cruelle passion ! et un soupir profond s'échappa de son cœur. — Mais, vous-même, mon frère, vous ne paraissez pas heureux? je vous ai vu au milieu de mes souffrances, répandre des larmes solitaires dans cet appartement ? — A ces mots, prononcés avec l'accent de l'intérêt, Antonin sentit se rouvrir à la fois toutes les plaies de son cœur. Monsieur, répondit-il avec tristesse, chacun dans ce monde supporte son fardeau ; mais je sens que le mien m'accable : oui, je ne puis le cacher, je suis très-malheureux ! — Mon frère reprit Monbars, nous ne nous connaissons point, je n'ai aucun droit à votre confiance, et je ne vous demande pas la cause de vos chagrins ; mais si la fortune pouvait les adoucir, parlez, je puis... beaucoup. — Hélas ! reprit Antonin, que je suis touché de vos offres généreuses, mais elles ne peuvent rien sur mon sort ; mes peines ont une source étrangère aux richesses ! épargnez-moi la honte d'en faire l'aveu !... Le moine achevait ces mots quand Jules se fit annoncer. Au nom de Jules, Monbars prit la main du moine, la lui serra affectueusement et lui dit : J'ai quelques ordres à donner à ce jeune homme, nous nous reverrons, j'espère. Antonin sortit, et Jules fut introduit. Monbars, après s'être renfermé, se hâta de lui communiquer l'objet de la mission dont il allait le charger. Voici en quoi elle consistait : Monbars avait été instruit qu'une insurrection avait éclaté parmi les nègres de la Jamaïque; que les insurgés s'étaient réfugiés dans la partie de l'île où sont situées les montagnes bleues, asyle inexpugnable d'où ils faisaient de fréquentes sorties, et menaçaient souvent les villes du pillage et de l'incendie; que le nombre des insurgés grossissant tous les jours d'une foule de nègres mécontens, il serait bientôt en état de tenir tête aux régimens anglais qui avaient été envoyés d'Europe pour les réduire. Monbars voulait profiter d'une circonstance aussi favorable; il comptait peu sur les promesses du gouverneur

gouverneur français, il se sentait capable de s'emparer des principaux forts, si *Habaratou*, roi des nègres-marrons des montagnes bleues, voulait seulement faire une diversion favorable au moment de sa descente. Habaratou savait que les Flibustiers étaient des hommes intrépides qui ne cherchaient point la fortune dans les produits de l'agriculture; qu'ils n'avaient jamais voulu posséder d'esclaves, et qu'il obtiendrait facilement d'eux leur liberté et des propriétés territoriales. Il devait donc seconder les projets de Monbars.

En conséquence de ces suppositions, le chef des Flibustiers chargea Jules de fréter un léger esquif et de pénétrer dans l'île de la Jamaïque; de gagner les montagnes bleues, d'aller trouver Habaratou, et de lui faire de sa part les propositions suivantes:

1.° Que Monbars, à la tête de ses Flibustiers, se présenterait sous quarante jours sur la côte ouest de l'île, y mouillerait pendant la nuit, et allumerait des feux à chacun de ses vaisseaux pour se faire reconnaître.

2.° Qu'Habaratou ferait allumer trois grands feux sur la montagne en signe d'intelligence, et que de suite il s'ébranlerait avec ses troupes pour menacer la ville de Spanih-Town, et attirer les Anglais dans cette partie.

3.° Que pendant ce mouvement, Monbars, à la faveur de la nuit, débarquerait avec son monde, se rapprocherait du Fort-Royal à travers les grands bois, tandis que ses vaisseaux se présenteraient devant les batteries à la portée de leurs couleuvrines, et sembleraient vouloir tenter un débarquement à force ouverte.

4.° Que tandis que les Anglais seraient occupés et par Habaratou et par sa marine, il pénétrerait sans obstacle par les derrières du grand fort, en massacrerait la garnison, s'emparerait des canons, les braquerait sur la ville, se rendrait maître de la rade, et couperait toute retraite aux troupes anglaises, qui, prises entre deux feux, seraient réduites à capituler ou à périr en combattant.

5.° Et enfin, qu'en reconnaissance de ce service il lui accorderait, en toute propriété, la moitié des terres de l'île, pour être distribuées suivant ses volontés à ses sujets, et que l'esclavage serait aboli pour toujours dans le pays. Il promettait en outre de faire bâtir un palais à Habaratou, au milieu de son nouveau royaume, et de l'aider dans toutes ses entreprises pour son nouveau gouvernement.

Telles furent les propositions que Jules fut chargé d'aller faire à Habaratou. Des frères de la côte devaient le conduire auprès du chef noir et le faire reconnaître comme l'envoyé de Monbars.

Le chef des Flibustiers connaissait parfaitement la Jamaïque ; il indiqua au jeune homme les points les plus favorables à son débarquement, les endroits de la côte où il trouverait ses conducteurs, et lui donna, avec une bourse d'or pour ses dépenses, tous les renseignemens les plus propres au succès de sa mission. Jules devait, sous quinze jours, lui rapporter la réponse d'Habaratou. Il s'agenouilla. Monbars le releva, et l'embrassant avec noblesse : Pars, lui dit-il, digne fils de Limeric, et tu verras à ton retour que les Flibustiers savent reconnaître un service.

M. de Kervarec venait de rentrer dans la chambre de Francisque — Eh bien ! monsieur le drôle, que résolvez-vous ? — Capitaine, à garder les arrêts toute ma vie, si l'on veut me promettre tous les jours une aussi aimable société. — Comment, monsieur, on est venu vous voir? — Oui, capitaine, la charmante Estella m'a apporté ce gâteau d'amandes. — Estella! et M. de Kervarec prenant l'air grave, j'espère, monsieur, que vous aurez respecté la maison... — Ah! capitaine, rassurez-vous, elle était accompagnée, d'ailleurs... — Francisque? — Capitaine, — vos arrêts sont levés, soyez plus sage à l'avenir. — Capitaine, je vous promets d'être au moins plus circonspect, et Francisque, en sautant de joie, s'empressa d'aller rejoindre la société.

Un grand événement dont l'influence allait se faire ressentir jusques dans l'aimable et paisible société de Vavincourt, allait parvenir à la connaissance de M. de Kervarec. La guerre venait de s'allumer entre la France et l'Espagne. Le gouverneur de Santo-Domingo avait intimé l'ordre au capitaine de rejoindre ce port, pour y prendre le commandement d'une escadrille qui devait croiser devant la côte du sud, depuis le Cap Tiburon jusqu'à l'embouchure de la Naïba, et bloquer les ports de Jacmel, de Baynet, d'Acquin, de Saint-Louis et des Cayes. A l'arrivée du courier, M. de Kervarec se renferma pour lire le contenu de ses dépêches.

Cependant la santé de Monbars se raffermissait tous les jours; déjà il pouvait se promener dans son appartement. Son ame s'échauffait à l'idée de sa future conquête. Qu'il est grand! qu'il est beau de fonder un empire! Ah! s'écriait-il, j'éprouve que je ne suis plus sensible qu'au plaisir d'assurer, avant ma mort, un asyle respectable à mes braves Flibustiers! Et tous les événemens de sa vie se retraçant en foule dans sa mémoire, il ajoutait: Les hommes valent peu la peine que l'on s'occupe de leur bonheur, je le sais ; les bienfaits leur sont à charge ; l'ingratitude semble être chez eux un sentiment inné : mais ces vices ne sont que les fruits de leur civilisation ! Et après un moment de silence il reprenait : Peuples de l'Europe, si fiers de vos lois, de votre gouvernement, de vos arts, quand je soulève le coin du voile sur lequel est étendu ce vernis de grandeur, qu'apperçois-je ! des courtisans, le sourire sur les lèvres, dévorés d'envie, toujours mécontens de leur monarque, ne sachant jouir d'aucun de ses bienfaits, dissipant leur crédit en folles intrigues, et ne tendant jamais une main secourable au mérite opprimé, à la vertu obscure ! des lois, chef-d'œuvre de sagesse et de conception pour des hommes, mais éludées par les ressources d'une chicane audacieuse et perfide, accablant les faibles, foudroyant les infortunés, et assurant par-tout l'impunité aux criminels puissans! une morale religieuse pleine de douceur et vraiment divine, n'inspirant par-tout que haine, orgueil et intolérance, parce que ceux qui la prêchent y mêlent sans cesse le levain de leurs passions! des artistes, des savans, faits pour adoucir les mœurs, réformer les vices, servir d'organes à la vertu, s'avilir par d'indignes querelles, abandonner les idées grandes, nobles et magnanimes, n'avoir entr'eux d'autre principe d'émulation, d'autre véhicule, qu'une affreuse et sombre jalousie qui ne peut supporter ni supérieurs ni rivaux! Ah! ce sont ces derniers sur-tout qui désenchantent la vie, qui détruisent les illusions de cette fugitive existence! A quoi servent donc le génie, les talens, les lumières, si les artistes et les savans ne savent pas être heureux!... Oh! mes dignes compagnons, vous avez eu le

courage

courage de rompre tous les liens qui vous attachaient à ces nations si vaines encore au sein de leur corruption. Victimes comme moi, indignés des trompeuses faveurs de leur civilisation, vous avez rejeté ce masque d'hypocrisie qui couvre indistinctement chez ces peuples et les princes et les sujets; vous leur avez préféré une vie dure et terrible, mais franche, généreuse et désintéressée. Braves Flibustiers! qu'il est doux d'être votre chef! jamais de doute sur la possibilité de vaincre, jamais de terreur à la vue d'une perte inévitable; n'étant dominés ni par l'or, ni par les honneurs, ni par les femmes, vous savez tout à la fois triompher, jouir et mourir en hommes!

Et ces idées exaltaient sa tête ardente et semblaient lui présager une victoire certaine. C'est dans ces pensées séduisantes qu'il attendit le retour de Jules et de William.

CHAPITRE X.

CONFIDENCE *d'Antonin. Résolution de Kervarec. Fin de l'histoire des Flibustiers.*

CELUI-LA est vraiment malheureux, dont les peines concentrées ne peuvent trouver d'issue, et qui n'envisage plus que la mort comme le terme de ses tourmens. Telle était la situation d'Antonin; sa passion l'accablait; il n'avait vu autour de lui aucun ami dans le sein duquel il eût pu s'épancher: ses vertus, son zèle pour l'humanité, la régularité de sa conduite, devenaient maintenant autant d'armes qui semblaient se tourner contre lui-même. Quel triomphe pour la plupart de ses confrères s'ils eussent connu la cause de ses chagrins ! Le voici donc, auraient-ils dit, ce sage, ce modèle de la communauté, ce religieux accompli, devant l'incorruptibilité duquel toutes les passions venaient se briser comme des vagues impuissantes ! ô honte ! il est la proie de l'amour, d'une passion mondaine et extravagante. Le caractère du *supérieur* à la vérité annonçait l'indulgence et la bonté ; mais il était si sévère pour lui-même, qu'Antonin n'avait pu se décider à lui faire aucun aveu. Le malheureux frère redoutait encore moins la honte de sa démarche auprès de lui, que l'inutilité des conseils qu'il en aurait pu recevoir. Que pourra-t-il me dire, s'écriait-il, dont je ne me sois fait l'application ? juge pour moi plus inexorable que le reste des hommes, je n'ai pas même la consolante espérance de pouvoir me fléchir ! j'outrage la morale et la Divinité, je me complais dans mon égarement, et mon crime m'est cher !

L'étranger lui avait inspiré de la confiance ; il le croyait agité des mêmes peines ; il se sentait disposé à lui ouvrir son cœur. Ses procédés généreux, sa délicatesse, sa force d'ame, tout annonçait à Antonin qu'il en éprouverait du soulagement. Il s'y décida donc, et entra dans tous les détails qui l'avaient amené à l'état où il se trouvait réduit. Quel tableau enchanteur il fit d'Adèle ! avec quel feu il parla de ses graces et de ses qualités ! C'est ainsi, ajouta-t-il en terminant son récit, qu'en quittant cette habitation où j'ai laissé la paix, l'innocence et le bonheur, j'en ai remporté le trouble, la honte et le désespoir. Monbars l'avait écouté en silence et sans l'interrompre. Eh quoi ! lui dit-il avec calme, et voilà la cause de cette sombre affliction qui vous consume! et le frère Antonin, avec les ressources de son éducation et de ses lumières, n'a pu surmonter cette passion puérile, faite au plus pour amuser des femmes et des enfans! et une fille de dix-huit ans a fait éclater cet orage sur la tête d'un homme vertueux par caractère, et chaste par état! et cet homme se livre comme un faible enfant sans défense à toutes les furies qui accompagnent l'amour! Ah! mon frère, gémissons sur les faiblesses humaines! Monsieur, reprit Antonin avec courage, si vous n'avez pas éprouvé cette funeste passion, je sens que je dois être à vos yeux bien digne de pitié; mais si vous fûtes une seule fois accessible aux attraits de l'innocence et de la beauté, si votre cœur palpitant au doux nom de votre amie, vous vous enivrâtes en respirant le même air qu'elle; si, oubliant vos devoirs, votre famille, votre Dieu, vous fûtes malgré vous et les jours et les nuits concentré dans les extases de votre passion; ah! plaignez-moi, j'y consens, mais soyez assez généreux pour me dire comment vous avez rompu le charme de la plus douce et de la plus entraînante des séductions!

Antonin, reprit Monbars, si je parlais à un homme du monde, je serais peut-être moins embarrasé de lui donner un conseil; mais votre état, vos préjugés, je dois m'exprimer ainsi, sont autant d'obstacles à votre guérison. Vous me demandez si j'ai connu l'amour, sa puissance, ses douceurs et ses poisons? comme vous, mon frère, j'ai payé ce honteux tribut de l'humanité. Le temps de vous faire ces confidences n'est pas venu. Peut-être un jour vous me connaîtrez mieux, et vous apprendrez de moi comment on triomphe de ces faiblesses.

Ce peu de mots avait fait sur Antonin une impression profonde. Mes préjugés ! répétait-il sans cesse, que veut dire l'étranger par ces paroles ? Ah ! mes sermens, la sainteté que j'y attache, les tourmens que j'endure, tout cela ne serait-il en effet que des préjugés ! Dieu en laissant l'homme arbitre libre de ses destinées, ne lui a-t-il pas laissé la faculté de se rendre heureux ? Ces sacrifices auxquels je me condamne sont peut-être sans prix à ses yeux ! et quand, après d'horribles souffrances, j'aurai péri victime de mon respect pour les institutions humaines, et que je frapperai à la porte de l'éternité, y serai-je mieux accueilli que celui qui, par des sentiers de fleurs, y arrivera gaiement accompagné d'Adèle ? d'Adèle !..... Ah ! que ces doutes m'affligent ! O jours de mon innocence où j'étais si pénétré de mes devoirs, qu'êtes-vous devenus !

C'était dans ces cruelles angoisses qu'Antonin usait et consumait sa vie.

M. de Kervarec avait lu les lettres du gouverneur de Santo-Domingo, et ces dépêches l'avaient plongé dans de profondes réflexions ; mais il n'était pas homme à rester long-temps dans l'incertitude, et il s'était résolu à ne pas porter les armes contre sa patrie. Il appela Francisque : Mon ami, lui dit-il, une nouvelle occasion d'acquérir de la gloire se présente. La guerre vient d'éclater entre l'Espagne et la France : sa majesté catholique arme dans tous ses ports. Tu peux devenir sous-lieutenant avant six mois. — Monsieur, dit Francisque avec fierté, quand sa majesté me nommerait capitaine, je ne servirai jamais contre mon pays. — C'est très-bien pensé, Francisque ; mais si vous redevenez Français, vous allez donc tourner vos armes contre le roi d'Espagne, en reconnaissance du grade honorable que vous en avez reçu? — Capitaine, ce n'est pas à nous à juger les différens des rois, mais je puis m'abstenir de tout service pendant cette guerre. — Et si vous êtes forcé d'opter, monsieur? — Forcé! s'écria Francisque, eh! qui pourrait me forcer à devenir ingrat? j'abandonnerai plutôt la marine. Le roi de France ne manque pas de sujets pour le servir. — Allons, allons, mon ami, dit en riant M. de Kervarec, je crois que nous n'en serons pas réduit là. Je vais répondre au gouverneur, écrire au ministre de sa majesté, pour obtenir un congé de six mois; il appréciera mes raisons, et peut-être pendant ce temps, les affaires s'arrangeront-elles.

Quand Vavincourt fut instruit du contenu des dépêches du capitaine, il déplora les malheurs de la guerre qui vient rompre sans cesse les liens qui devraient toujours unir entr'elles les nations de la terre ; mais il éprouva une douce consolation en apprenant la résolution qu'avait prise M. de Kervarec. Il avait craint de perdre trop vîte cet hôte dont le cœur était si bon et la société si agréable. Tenez, lui disait-il quelquefois, si je possédais maintenant sur cette habitation mon frère Henri et le digne Antonin, mes vœux seraient comblés ; je ne demanderais plus que de couler encore quelques années dans cette délicieuse société, et de m'endormir pour la dernière fois entouré de ceux qui la composent. Je sens que j'aurais plus vécu pendant ces jours de grace que dans le cours du demi-siècle que j'ai vu s'écouler dans cette colonie ! La conversation changea d'objet, et fut ramenée sur les Flibustiers. Vavincourt pria le capitaine de lui en achever l'histoire, et M. de Kervarec la reprit en ces termes :

Les Flibustiers n'admettent parmi eux que des hommes sains, agiles, vigoureux, de l'âge de vingt-cinq à trente-cinq ans au plus. On ne demande jamais à celui qui se présente ni ce qu'il est, ni ce qu'il a fait, ni d'où il vient. On lui dit de se choisir un nom, qu'on l'engage toujours à prendre parmi ceux des anciens Flibustiers qui furent les plus renommés par leur valeur, et après avoir déclaré au chef que son intention est de devenir Flibustier lui-même, on lui fait commencer son noviciat. Ce noviciat est très-pénible, et dure deux années. Le novice est obligé d'apprendre et de retenir le nom et le gisement de toutes les côtes sur lesquelles s'exerce la Flibusterie, la situation des caps, baies, rades, anses et mouillages, la quantité de brasses d'eau pour y jeter l'ancre, enfin, les courans et les marées qui existent dans chacun des parages des Antilles. Il fait ensuite son service tour à tour avec les Flibustiers et les servans. Il apprend les détails de la petite et de la grande manœuvre. La petite est celle qui se fait à bord de leurs propres vaisseaux, et la grande est celle qu'ils sont obligés d'exécuter sur les grands bâtimens dont ils s'emparent, soit qu'ils veuillent les conserver ou les couler à fond. Ils s'exercent à jeter les grappins et à monter à l'abordage sur un vieux vaisseau où toutes les difficultés sont prévues. L'art d'acoster en silence, de planter les haches d'armes dans le bois des vaisseaux attaqués, de monter à l'aide du manche, de se précipiter sans crainte, le poignard d'une main et le pistolet de l'autre, sur le pont du vaisseau abordé, de couper ses manœuvres, de s'emparer du gouvernail, et de faire toutes les évolutions de Flibusterie nécessaires pour être vainqueur. On apprend ensuite au novice le service de terre, l'art de tirer juste la carabine, et d'évoluer toujours de sang-froid au milieu du feu le plus ronflant; l'exercice des petites et grandes armes; la natation, perfectionnée au point de passer sous la quille d'un vaisseau chargé d'un fardeau, et de plonger à des distances considérables.

Quand ces notions préliminaires sont acquises, ce qui a demandé l'espace d'une année, le chef commence ses épreuves particulières, qui se font à sa volonté. Elles consistent souvent à réveiller le novice dans sa tente, en lui tirant des coups de pistolets aux oreilles; à le fatiguer par des exercices, des courses, des manoeuvres; à le priver long-temps de sommeil et de nourriture; d'autres fois, à lui faire faire des excès tant en viandes salées qu'en boissons fortes ; ou bien à l'abandonner au milieu des flots sur une seule planche où il est souvent obligé de lutter contre le vent et les requins, avec un petit aviron, jusqu'à ce qu'il ait regagné la côte, sur laquelle il n'arrive quelquefois qu'après avoir passé un jour et une nuit à la mer, excédé de faim, de soif et de fatigues. On éprouve aussi ses passions. Le chef lui donne un sac d'argent, ses camarades l'invitent à jouer; le novice double et triple bientôt son capital, parce que tout est disposé pour le laisser gagner. Si au bout de quelque temps l'on reconnaît qu'il est par trop intéressé, le chef lui ordonne d'aller jeter ses fonds au milieu de la mer, afin qu'il s'habitue à ne pas se laisser dominer par la cupidité.

Ces épreuves particulières se prolongent, se multiplient ou se diversifient suivant que le chef le juge convenable, et quand il a reconnu qu'elles sont suffisantes, il permet au novice d'aller faire une caravane de trois mois sur mer avec les Flibustiers chargés des petites opérations, mais où il y a encore quelques combats à essuyer. Là on éprouve son courage et son adresse de toutes les manières; et sur le compte que ses camarades rendent de lui, le chef arrête sa réception, et en détermine l'époque.

Cette réception se fait toujours en présence de la moitié des Flibustiers au moins. Elle a lieu dans le campement du chef, en plein air, et dans un grand cercle formé de Flibustiers qui se tiennent debout, et armés de toute pièce; le chef seul est assis. Le récipiendaire est introduit nu, et déclare qu'il n'a plus de patrie ni de parens au monde, qu'il ne reconnaîtra désormais d'autre chef que celui en présence duquel il se trouve, et d'autres amis que ses compagnons les Flibustiers, pour l'intérêt et le salut desquels il jure de sacrifier sa vie s'il est nécessaire et si le service l'exige.

Il jure fidélité entière et obéissance absolue au chef, et déclare qu'il donne à ses camarades le droit de le tuer ou de le faire tuer par-tout où il se trouvera, s'il forfait son serment.

Alors il se présente devant chacun de ses camarades, et lui jure amitié et dévouement. Le Flibustier tire son poignard, et l'en frappant légèrement il suce le sang qui s'est attaché au fer. Le récipiendaire exécute la même cérémonie sur chacun des Flibustiers.

Il marche ensuite vers le chef qui lui apprend et lui démontre tous les signes, mots et attouchemens à l'aide desquels les Flibustiers peuvent se reconnaître dans les quatre parties du monde. Les Flibustiers font volte-face, tiennent leur carabine en joue, et sont prêts à faire feu sur tout téméraire qui

qui tenterait de découvrir ces mystères. Le récipiendaire va frapper sur l'épaule de chacun de ses camarades qui se retourne et dépose ses armes à terre. Il répète devant lui les mots, signes et attouchemens qui lui ont été indiqués. Alors le Flibustier lui baise les mains, le cœur, la bouche et les yeux. Pendant cette partie de la cérémonie le reste de la troupe se tient toujours en joue.

A un signal du chef qui se fait en frappant sur une caisse, les Flibustiers se retournent et se rapprochent ayant l'arme au bras. Deux officiers de cérémonie plongent le récipiendaire dans un bain froid, le lavent, l'essuient et le revêtent des habits de Flibustier. Il se met à genoux, et le chef lui suspend en sautoir une tresse de soie blanche, à laquelle toutes ses armes se trouvent attachées, il l'embrasse, tire un de ses pistolets en l'air, et déclare que N... est reçu Flibustier. Aussitôt ses compagnons font une décharge générale de leurs carabines.

Cette cérémonie terminée, chacun le félicite, et il est conduit à la tente du banquet qui est toujours splendide et recherché. A la fin du banquet chaque Flibustier dépose son présent dans un vaste bassin d'argent. Ce présent consiste en cinq quadruples d'or d'Espagne de la valeur de quatre-vingt livres tournois chaque, ce qui fait au récipiendaire un fond de quarante ou cinquante mille francs dont il est libre de disposer sur-le-champ comme bon lui semble.

Il se dispose à partir pour parcourir les autres campemens ; mais il reçoit avant, ses dernières instructions, qui consistent à ne posséder aucune propriété tant qu'il sera Flibustier, à ne se marier dans aucun pays, à ne reconnaître ni adopter aucun enfant.

On lui apprend qu'à l'âge de quarante-cinq ans il sera réformé; qu'il sera libre après la cérémonie de réforme d'aller s'établir avec ses capitaux sur telle côte qu'il lui plaira; qu'alors il deviendra frère de la côte, à moins qu'il ne préfère passer le reste de sa vie, dans les campemens, à surveiller les matelots, les novices et les servans.

Quand il a été conduit de campement en campement, et reconnu de chaque Flibustier, le chef le désigne pour faire partie de la première expédition qui doit avoir lieu. A son retour, on lui accorde un congé de trois mois. C'est dans l'emploi qu'il fait de son temps et de son argent, pendant ces trois mois que le nouveau Flibustier se fait encore mieux connaître. Il est sans le savoir exactement surveillé, et s'il a omis d'aller visiter les frères de la côte et de s'en faire reconnaître, si en se livrant à des excès d'ivresse, il lui est échappé quelque inconséquence, s'il a commis une seule lâcheté envers des femmes, s'il a refusé des secours à quelques malheureux, enfin s'il ne s'est pas montré généreux et désintéressé dans sa dépense, le chef le réprimande à son retour. Il lui cite le jour, le lieu, l'heure, où il a commis sa faute, et l'engage à n'y plus retomber sous peine d'être traduit au grand conseil de guerre dont la sévérité va quelquefois jusqu'à prononcer la peine de mort. Il est rare que cette leçon ne suffise pas à un Flibustier pour le reste de sa vie. Ce n'est guère qu'au retour de son second congé que ses compagnons lui témoignent de la confiance et de l'amitié.

Tel est en abrégé ce qui a rapport à la réception d'un Flibustier.

Celle des matelots est moins longue et moins compliquée. Leur noviciat n'est que de trois mois, et leurs épreuves ne roulent que sur les manoeuvres maritimes. On leur apprend cependant à manier la carabine avec laquelle ils tirent dans les hunes pendant le moment d'un abordage, et tuent ceux des matelots ennemis qui s'y trouvent ou qui veulent s'y réfugier.

Les servans restent toujours au campement. Ils suivent les Flibustiers dans les expéditions, mais n'ont jamais de congés. Ils savent un peu de la manœuvre de terre et de mer. On leur assigne une besogne quelconque dont ils sont responsables sous des peines très-sévères. Leur nombre est assez considérable, il y en a de tous états. Ils sont comme les matelots bien nourris et exactement payés.

La réception du chef se fait à la pluralité absolue des suffrages. Il est rare même qu'elle n'ait pas lieu à l'unanimité, car les Flibustiers sont d'excellens juges de ceux qui ont les qualités propres au commandement : d'abord la valeur et la prudence, ensuite la connaissance du caractère et des grands intérêts des nations maritimes.

C'est le chef qui reçoit les correspondances, commande les expéditions et souvent les dirige ; qui ordonne les mouvemens des campemens, place les fonds, en dispose et fait le partage des prises. C'est lui qui assemble et dissout les conseils de guerre ; nomme les lieutenans et les chefs de tous les campemens.

Sa réception se fait la nuit, sur les vaisseaux et en pleine mer. Les Flibustiers semblent sauter à l'abordage sur le vaisseau où se trouve celui qu'ils ont choisi entr'eux. L'un d'eux s'approche de lui, et lui adresse ces paroles : « Nous t'avons choisi pour nous com-» mander. Nous mettons à ta disposi-» tion notre sang et notre fortune.

» Comptes sur notre dévouement,
» comme nous comptons sur ta justice
» et ta valeur. Sois fidèle aux lois de
» la Flibusterie. Deviens la terreur des
» nations européennes, et rend-toi di-
» gne d'être un jour surnommé *Mon-*
» *bars l'Exterminateur.* »

Alors ils lui attachent la ceinture de chef, ceinture brillante, et garnie de deux pistolets et d'un poignard enrichi. Ils lui remettent en main le grand pistolet de commandement, arme précieuse et éclatante de pierreries.

Le chef en prenant l'arme répond :
« Flibustiers, mes camarades, j'accepte
» le commandement, et je promets
» de ne donner d'ordres que pour l'in-
» térêt et le bonheur de tous; » et il tire son pistolet en l'air pour assurer son serment. Aussitôt les couleuvrines font des salves d'artillerie. L'on retourne à terre où des fêtes sont

préparées et durent plusieurs jours de suite.

A l'âge de quarante-cinq ans il est réformé comme les autres, et se retire où il lui plaît avec ses parts de prise qui sont immenses, et auxquelles il n'a pu toucher pendant le temps de son commandement, parce que tant qu'il est chef, c'est sur le fond de cinquante millions qu'il prend ce qu'il juge convenable à ses besoins et à ses plaisirs.

Les lieutenans et autres chefs secondaires ont une demi-part en sus de ce qu'il leur revient comme Flibustier. La marque de distinction est dans la différence de la ceinture qui est beaucoup plus riche que celle des simples Flibustiers.

Leurs plaisirs sont la chasse des bœufs et cochons sauvages et la pêche sur mer : mais ils ont rarement le loisir de s'y livrer, car leur vie est très-active,

tive, et leurs courses sur mer sont presque continuelles.

Les femmes sont sévèrement interdites dans les campemens; mais les Flibustiers, les matelots, les servans s'en dédommagent quand ils vont en congés ou en expéditions sur quelques côtes. Tout Flibustier qui revient malade par suite de ses excès est privé de ses parts de prise jusqu'à sa guérison, et condamné à une forte amende envers le trésor.

L'armure complette d'un Flibustier revient à dix mille francs. Elle se compose de trois carabines, six pistolets doubles et deux poignards. Ces armes sont aussi bonnes qu'elles sont légères et bien finies.

Le costume de guerre est une espèce de vêtement à l'Espagnol, sans manteau, recouvert d'une large chemisette de coton bleu, descendant jusqu'à micuisse, et serrée à la taille par la ceinture de Flibusterie. Ce vêtement leur permet de faire toute sorte de mouvemens sans en être incommodés. Ils se coiffent d'un chapeau blanc retroussé d'un seul côté et surmonté d'une grosse touffe noire de plumes d'autruches, avec ganse et bouton d'or. Ils portent les moustaches et la barbe à la portugaise; leurs brodequins sont rouges et lacés sur les côtés.

Les frères de la côte sont d'anciens Flibustiers réformés, et retirés avec quelques capitaux. Ils habitent par goût les bords de la mer. Ils s'occupent de pêche, de jardinage, ou commandent des bâtimens marchands. Ils donnent aux Flibustiers tous les renseignemens qu'on leur demande sur l'arrivée, le chargement, le départ des vaisseaux et leurs forces militaires. Ils font aussi la police parmi les matelots Flibustiers retirés du service. S'ils ont des enfans mâles, ils sont obligés de les élever et de les disposer pour être un jour reçus Flibustiers. Leur noviciat ne dure qu'un an. On les nomme *lionçaux*. A mérite égal, ces lionçaux obtiennent la préférence pour être nommés lieutenans ou chefs de campement, beaucoup même sont devenus chefs. En un mot, les frères de la côte surveillent, et instruisent les Flibustiers de tout ce qui concerne leur sûreté ou leur fortune.

J'aurai sans doute occasion de vous parler de ce que j'ai vu pendant ma captivité chez ces Flibustiers; mais ce que je viens de vous dire, ajouta M. de Kervarec, forme le fond de leur histoire.

Vavincourt exprima au capitaine combien il était satisfait d'avoir obtenu ces renseignemens.

CHAPITRE XI.

Partie de pêche. Catastrophe. Nouvelles amours. Lettre de Henri.

VAVINCOURT et sa famille étaient allés en fête chez madame Laboulai, mère de Pauline et de Florette, dont l'habitation n'était qu'à cinq lieues de là, ce qui, dans certaines parties de l'île, est un voisinage assez rapproché. On était allé faire une partie de pêche sur le *Lagon-Salé*. M. de Kervarec et Francisque commandaient la manœuvre. Six gondoles couvertes et élégamment décorées contenaient la nombreuse société de madame Laboulai. Le Lagon-Salé est un petit lac qui, quoiqu'à plus de vingt lieues des côtes, est formé et entretenu des eaux de la mer qui y communiquent par des voies souterraines. Au milieu se trouve une petite île inhabitée couverte de cocotiers superbes, et sur laquelle pâturent quelques chèvres devenues sauvages. Le Lagon, qui peut avoir douze lieues de circonférence, contient une grande quantité des poissons les plus curieux. On y trouve le lamentin qui a des mamelles saillantes et placées comme celles des femmes ; son cri triste et plaintif lui a valu le surnom qu'il porte ; l'orphy argenté qui a le corps d'une anguille et la tête d'une bécasse ; le perroquet à écailles vertes, au cou doré, à queue écarlate et aux nageoires azurées ; la svelte dorade, brillante de tous les feux de l'émeraude ; le mulet blanc, parsemé d'écailles rouges et noires, placées à d'égales distances ; des tortues de tout âge et de tous genres, et une multitude d'autres poissons dont les formes et les habitudes sont à peine connues des naturalistes. Des nègres adroits, montés sur de longues pirogues, jetaient les filets, et les retiraient quelquefois si chargés que d'autres nègres étaient obligés de se jeter à la mer pour en ôter les poissons les plus lourds et les rendre à leur élément. On avait préparé, dès la veille, de vastes tentes et tout l'attirail d'un repas champêtre. Des chaudières étaient disposées un peu plus loin dans des cuisines volantes, pour y recevoir le poisson le plus délicat de la pêche, afin de le manger frais et assaisonné chacun suivant sa nature. On dansa sous l'ombrage des cocotiers. L'on fit la course contre les chèvres sauvages autour de l'île, qui, parsemée d'un sable brillant et fin, offrait une lice facile et peu dangereuse aux coureurs. Enfin les rayons obliques du soleil couchant rappelaient cette aimable société à l'habitation, quand un événement aussi triste qu'imprévu vint troubler ses innocens plaisirs. Florette, vive et pétulante, poursuivait un jeune chevreau qui avait gagné le rivage, et s'était réfugié en sautant sur les larges planches qui servaient à descendre des gondoles; déjà il en avait franchi deux dans toute leur longueur, quand Florette, croyant l'atteindre, s'élança un peu trop obliquement, perdit l'équilibre, et fut précipitée dans les flots. La mer du Lagon étant un peu houleuse, la pauvre enfant perdit la tête, et allait perdre la vie si Francisque, qui seul avait vu l'événement d'assez loin, ne se fût élancé pour la sauver; il plongea et retira Florette, mais déjà pâle et sans connaissance. Quelle consternation se répandit aussitôt parmi les assistans! Madame Laboulai jetait des cris qui perçaient l'ame : Ma fille, ma pauvre fille est morte ! s'écriait-elle ; et cependant

Florette commençait à respirer un peu. On lui prodigua tous les secours qu'exigeait sa situation, et elle revint, mais lentement à la vie. L'on se rembarqua, et chacun conserva l'empreinte de tristesse qu'avait fait naître cette catastrophe, qui n'eut heureusement aucune suite fâcheuse pour Florette ; seulement elle en avait été très-fatiguée, parce qu'il y avait eu déjà un commencement d'asphixie. — Voilà la vie ! disait amèrement Vavincourt à M. de Kervarec, en se promenant dans les jardins de l'habitation, un instant de plaisir, et un siècle de peines ! Quand je pense que mon Adèle pouvait être également victime d'un pareil accident !... Pauvre Florette !... Et cette bonne mère ! pour avoir voulu nous procurer une journée d'agrément, n'a-t-elle pas été sur le point d'être livrée à d'éternels regrets !... — Mon cher hôte, répondait le capitaine, n'approfondissons pas trop ces idées mélancoliques, elles conduisent au découragement : notre vie et ses plaisirs ne valent pas, je le sais bien, une pipe de tabac ; mais enfin, la loi du malheur menace tous les individus, et quoiqu'on s'en apperçoive moins, je crois pourtant que, comme la mort, elle n'épargne personne. Florette est sauvée? eh bien ! vive la joie ! — Ah ! mon cher capitaine, disait Vavincourt en secouant la tête, c'est une chose bien pénible pour notre raison que d'être sans cesse obligés de nous étourdir sur cette fatalité qui conduit tout dans ce monde, et qui frappe impitoyablement les bons et les méchans. — Ma foi, mon cher hôte, je suis loin de trouver cela pénible, et j'aime beaucoup mieux croire à cette fatalité qui me rassure, que de gémir toute ma vie dans l'incertitude sur le mérite de mes actions ; et tenez, croyez-vous, par exemple, que moi qui me suis trouvé à soixante combats, qui ai passé sur le ventre de vingt corsaires, je n'aie pas fait bien des veuves et des orphelins dans ma vie? Eh bien! j'aime à croire que je n'en suis pourtant pas moins un honnête homme. — Et moi, j'en suis convaincu, reprit l'habitant: cependant si vous reconnaissez le fatalisme, vous ne croyez donc point à l'existence de la Divinité? A cette demande faite avec bonhomie de la part de Vavincourt, M. de Kervarec devint rouge et s'enflamma involontairement. — Sucrebleu! monsieur, s'écria-t-il, qui a pu vous donner à penser que je ne croyais pas à un Dieu? quoi! chaque vaisseau n'a-t-il pas son capitaine? chaque armée son général? chaque nation son chef, sous quelque forme qu'elle le déguise? et pourquoi voulez-vous que je doute que la masse des êtres créés ait également son supérieur et son maître ? — Là, là, capitaine, conversons sans nous fâcher. — Ah ! mon cher hôte, pardon, me serais-je fâché ? — Non, mais votre diable de juron me fait peur. — Mon cher hôte, daignez ne pas faire attention à cela ; je serai marin toute ma vie. Francisque n'a pu me corriger, vous ne me corrigerez pas ; je ne sais pas si Dieu y réussirait. — Allons, dit l'habitant, reprenons donc notre conversation : Comment conciliez-vous Dieu et la fatalité ? — Mais je regarde que ce que nous appelons nous, hasard, fatalité, n'est qu'une conséquence de la volonté du maître, qui emploie ce mode d'exercer sa puissance et sa justice comme nous faisons usage de nos canons et de nos sabres quand nous ne voulons pas nous servir de nos canifs et de nos plumes. — Que vous êtes heureux de penser ainsi ! — Eh quoi ! mon cher hôte, en jugeriez-vous différemment ? — Eh !

mais... j'ai là-dessus des... enfin, je cherche à m'éclairer, et franchement votre théologie me plaît : cependant l'on voit si souvent violer le droit, la justice, — La justice? le droit? et qui sait jamais où est le droit et la justice? Voici la guerre déclarée entre l'Espagne et mon pays ; sauf l'hypothèse dans laquelle je me trouve, peut-être que dans le moment actuel je serais à canarder quelqu'escadre espagnole. Croyez-vous que je me serais informé avant, qui des deux souverains a pour lui le droit et la justice? ma foi non, mon cher hôte ; cela ne me regarde pas : feu tribord! feu basbord! je tue, et je fais mon métier d'honnête homme. Vavincourt riait de tout son cœur de la logique franche de M. de Kervarec; il était enchanté que la conversation eût pris cette tournure originale ; et, comme elle l'intéressait, il chercha à la prolonger encore quelques instans.

— De sorte donc, capitaine, que vous élevez aussi ce jeune homme dans des principes de religion? — Suc...! mon cher hôte? — Capitaine? — n'ai-je pas juré? — je ne m'en apperçois plus. — Je ne suis pas un grand docteur, mais voici comme j'ai parlé à Francisque : Monsieur le drôle, croyez-vous qu'il y ait un Dieu? Capitaine, m'a-t-il dit, j'en suis convaincu. En ce cas, vous savez ce qui lui déplaît ou lui convient? Mais, capitaine, je m'en doute. Eh bien! monsieur, cela suffit, faites voile en conséquence. Ma foi, mon cher hôte, je serais fort embarrassé de lui en dire beaucoup plus long. Je ne suis pas mécontent de lui, quoiqu'il n'aille souvent qu'en louvoyant. — Eh! qui va toujours son droit chemin dans ce monde? — Cela est vrai : il a des passions, mais je ne fais pas trop le sévère, car, entre nous soit dit, j'ai aussi besoin d'indulgence.

Vavincourt riait et était attendri. — Savez-vous, mon cher capitaine, que vous finiriez par me convertir? — Ma foi, mon cher hôte, cela serait plaisant, car ce n'est pas mon métier. Et en causant de la sorte ils rentrèrent à l'habitation de madame Laboulai.

Florette était entièrement rétablie, elle ne savait comment exprimer sa reconnaissance à Francisque. De son côté, Francisque semblait quelquefois honteux de lui avoir sauvé la vie. Il desirait souvent qu'un autre eût pu lui rendre le même service, parce qu'il éprouvait auprès d'elle une sentiment bien différent de celui que lui avait inspiré Estella, et que chaque fois qu'il s'en approchait l'aimable fille s'empressait de lui parler de sa générosité, de son dévouement, ce qui empêchait toujours Francisque de lui parler d'autre chose. L'on doit penser que le jeune enseigne était devenu l'ami chéri de la famille. Mais quand on a sauvé les jours d'une jolie personne, on ne reste pas toujours impunément auprès d'elle ; on ne reçoit pas à dix-sept ans ses naïves caresses et l'expression de ses tendres sentimens, sans en éprouver soi-même de plus tendres encore : c'est ce qui était arrivé à Francisque. Florette, de son côté, n'était peut-être pas fâchée de prouver, par cette heureuse circonstance, qu'elle n'avait pas un cœur fait pour l'ingratitude. A tout âge, les femmes possèdent et exercent, quand elles le veulent bien, l'art de dissimuler leurs plus secrets penchans avec une finesse, un abandon, un naturel qui déroutera toujours l'observateur le plus sagace. Mais Florette s'oubliait quelquefois : elle avait souvent les yeux arrêtés sur Francisque, et quand ceux de Francisque rencontraient les siens, un doux incarnat se faisait remarquer au même instant sur leurs figures charmantes. Au surplus, qu'en pouvait-on conclure ? il est si naturel de rougir d'aise à la vue de son bienfaiteur, et de modestie quand celle que l'on a retiré d'un grand danger nous regarde. Cependant l'enfant malin qui se joue des grands projets des hommes, et de leur morale et des vains efforts qu'ils font quelquefois pour échapper à son empire, riait sous cape de la passion naissante qu'à leur insu il avait allumée dans le cœur de ces deux jeunes gens. Que de soupirs quand il fallût retourner à l'habitation ! que de marques nouvelles d'amitié ! combien de protestations d'attachement, et de projets pour se revoir ! et toujours sous le voile de la reconnaissance, sentiment bien naturel chez Florette, à qui l'on avait répété souvent dans son enfance que l'ingratitude est le plus odieux de tous les vices.

Enfin,

Enfin, Vavincourt et sa famille retournèrent sur leur habitation. A leur arrivée il trouva un courier que lui avait expédié son correspondant du Port-au-Prince. Il ouvre ses dépêches avec empressement. O joie inexprimable! c'était une lettre de son frère en réponse à celles qu'il lui avait écrites. Voici son contenu :

« Cher frère,

» Les tendres affections ne connais-
» sent donc point de distances. Au
» moment où vous projetiez de m'ap-
» peler auprès de vous, je venais de
» prendre, de mon côté, la résolution
» d'aller vous rejoindre. Ainsi, sans
» nous être consultés, nos cœurs s'é-
» taient entendus pour opérer cette
» tendre réunion. Cependant, ô mon
» frère, je ne veux pas vous faire
» croire que la tendresse qui nous unit,
» seule, a pu me décider à faire ce

» voyage. A mon âge, on ne quitte plus
» gaiement le pays chéri qui nous a vu
» naître, la terre bienfaisante qui a
» constamment pourvu à nos besoins,
» et sur laquelle nous avons encore
» trouvé le repos et le contentement,
» ces biens supérieurs aux richesses.
» Mais Adèle! mais Victor! ont dé-
» terminé la démarche que, long-temps
» même avant leur départ, mon cœur
» chaque jour faisait auprès de vous.
» Oui, ce sont ces chers enfans qui me
» décident à rompre tous les liens qui
» m'attachent à la mère-patrie. Depuis
» que je ne les vois plus, l'existence
» m'est devenue si pénible, qu'il me
» serait impossible de la supporter plus
» long-temps sans la consolante espé-
» rance de les revoir bientôt.

» Je suis loin de chercher à faire
» valoir à mon bon frère le mérite du
» sacrifice auquel dans les temps j'ai
» pu me résigner en sa faveur. Hélas!

» à cette époque, que j'étais éloigné
» moi-même d'en connaître l'étendue!
» Mais j'ai assez souffert pour qu'il me
» permette aujourd'hui la triste con-
» solation de lui tracer une faible
» image de mes peines!

» Vous avez su, mon frère, que j'a-
» vais constamment élevé Adèle et
» Victor sous mes yeux; ainsi pen-
» dant près de vingt années j'avais vu
» croître et se développer les heureuses
» dispositions physiques et intellec-
» tuelles dont il a plu à la nature de
» les favoriser. Celui qui élève ses en-
» fans lui-même, celui qui peut se
» procurer ce bonheur ne s'apperçoit
» plus des ravages du temps. Il lui
» semble qu'une nouvelle existence
» recommence pour lui en même
» temps que la leur. Enfant tant qu'ils
» sont enfans, il parcourt une se-
» conde fois avec eux les phases de
» l'adolescence et de la jeunesse. Plai-

» sirs, nourriture, innocence, ins» truction, il partage tout; sa carrière » est plus d'à-moitié parcourue, qu'il » s'imagine encore n'avoir que vingt » ans. Après tout, que fait l'âge pour » l'homme qui se trouve dans la situa» tion délicieuse dont je vous parle ? » son bonheur est aussi pur, aussi par» fait que celui des êtres chéris qui le » lui procurent.

» Une catastrophe cruelle vint pour» tant m'arracher à mes douces illu» sions, et me replacer d'une manière » terrible dans la condition de souf» france à laquelle l'homme paraît » condamné. Je perdis, en peu de jours, » la mère de mes enfans! Ah mon » frère! après dix années de mariage » écoulées comme un songe enchan» teur, quel épouvantable réveil! ma » douleur était trop grande, mes cha» grins se concentrèrent dans mon ame. » Quand on s'efforçait de les adoucir,

» un rire affreux crispait involontai-
» rement les muscles de mon visage.
» Je me sentais frappé à mort, et je ne
» pouvais le dire ! j'attendais dans le
» délire l'instant de ma délivrance,
» j'aspirais avec une joie barbare après
» mon dernier moment !.... O prodige !
» ce que n'avaient pu faire les larmes
» de mes amis, les prières de mes pa-
» rens, le cri de la nature et de la reli-
» gion, fut l'ouvrage d'un faible enfant !
» Adèle s'approche de mon lit, et d'une
» voix touchante, m'adresse ces paro-
» les qui retentissent encore dans le
» fond de mon cœur : *Tu veux mourir,*
» *papa, et tu nous abandonnes !* et Vic-
» tor, me serrant la tête de ses mains
» caressantes, ajouta en fondant en
» larmes : *Quelle offense t'avons-nous*
» *faite pour nous laisser seuls sur la*
» *terre ; ne sommes-nous pas assez*
» *malheureux d'avoir perdu maman !*
» Tout à coup je sens pénétrer en moi

» un calme qui m'était depuis long-
» temps inconnu, mais un calme me-
» naçant, semblable à celui qui pré-
» cède quelquefois la tempête ; je
» me soulève avec peine, j'envisage
» en silence mes pauvres enfans, je
» vois ces victimes innocentes pâles,
» amaigries, consternées !.... Une ré-
» volution s'opère dans mes sens ; des
» sanglots ou plutôt d'épouvantables
» hurlemens s'échappent de ma poi-
» trine, et, pour la première fois, des
» torrens de larmes viennent inonder
» ma couche funèbre ! Je m'écrie :
» mes enfans ! mes chers enfans ! me
» voici ! je ne vous quitte pas ! je ne
» veux pas vous quitter ! votre père veut
» vivre et mourir avec vous !... Aussi-
» tôt ces tendres amis s'élancent dans
» mes bras ; je les presse sur mon sein
» desséché de douleur, je les baigne
» de mes larmes, mais elles se sont
» changées en larmes de tendresse :

» mes amis se joignent à eux, et je crois » sortir d'un profond sommeil ! ô mon » frère, cette scène déchirante ne sor- » tira jamais de mon cœur !.... Peu à » peu le calme rentre dans mon ame, » je redeviens sensible aux douces ca- » resses de ma famille. La perte que » j'ai faite est toujours présente à mes » yeux, mais il n'y a plus de rechute à » craindre ; je puis pleurer, je pleure, » et c'est Victor et c'est Adèle qui me » consolent ! le temps diminue mes » souffrances ; nous parlons encore de » l'amie que le ciel nous a enlevée, » mais avec cette résignation mélanco- » lique et tendre qui nous la fait voir » heureuse au sein de l'Eternel ! nous » lui parlons tous les jours, tous les » jours nous nous entretenons avec » elle, et nous nous habituons à ne plus » envisager sa mort que comme une » faveur de la Divinité.

» Jugez, mon frère, si ma séparation

» d'avec ces chers enfans a dû être » douloureuse! Enfin, vous m'adressez » un respectable ministre des autels, » il me parle; quels combats! quelles » angoisses! je rejette toutes ses pro- » positions. Pendant quinze jours il re- » vient auprès de moi; enfin, il me » touche, me persuade; il me dit que » tout annonce que ce voyage sera » agréable à Dieu, et le sacrifice se con- » somme!....

» Je vais passer quelques jour chez » des parens, chez des amis, et toutes » les illusions de bonheur que j'avais » attachées à cette démarche me sou- » tiennent pendant ce temps. Je rentre » chez moi, ô cher frère, quel calme! » quel vide affreux! quel accablant » silence, il semble que l'impitoyable » mort a de sa faux cruelle moissonné » tout ce qui respirait naguères dans » ma maison!...plus de mouvement!... » plus de figures contentes! Où sont

» ces malheureux qui venaient tous » les matins faire panser leurs blessu- » res des mains de mon Adèle !..... Les » chiens de Victor me caressent un » instant et s'en vont pousser de longs » hurlemens sur le seuil de la porte ... » c'est leur maître qu'ils appellent !..... » Je ne vois plus le soir ces rondes vil- » lageoises des pauvres enfans du pays » dont ma fille avait soin de faire le » trousseau ! Que sont devenus ces vi- » sages satisfaits et des valets et des » servantes ! mornes et silencieux, » aucun ne m'adresse la parole ! on » dirait que j'ai commis un crime dans » ma maison, et que n'osant me le » reprocher en face, ils veulent m'en » punir en ne me parlant plus !

» O mon frère, vous n'avez pas tout » entendu et je n'ai pas fini de souffrir ! » si je veux assoupir mes maux, pour » gagner ma chambre solitaire il me » faut traverser celles de mes chers

» enfans ! un moment je m'y arrête ;
» j'écoute, je crois les entendre, je les
» entends..... je les vois... Douloureuse
» illusion ! je ne vois, je n'entends rien,
» et le sommeil fuit mes paupières
» enflammées ! Plus de repos, plus
» de réveil agréable ! ce ne sont plus les
» joues fraiches et rosées de ces enfans
» de la nature qui venaient s'appuyer
» sur les miennes ! plus de bonjour ! plus
» de caresses ! plus de projets d'études,
» de promenades, de bienfaisance !
» tout est fini pour moi !

» La mort de leur mère se retrace
» de nouveau à mes esprits, et c'est en-
» core avec les circonstances horribles
» qui l'ont accompagnée ! Je n'ose
» plus lui adresser la parole ! il me
» semble toujours l'entendre me dire :
» *qu'as-tu fait de nos enfans ?*

» Tels sont, mon frère, les tourmens
» horribles que j'éprouvai jusqu'au
» moment où je reçus les premières

» lettres de mes enfans. Ah ! quel bien
» elles me firent ! comme elles rafraî-
» chirent mon sang brûlé par les re-
» grets et l'inquiétude ! Les lire, les ré-
» péter, les relire, et ne plus m'en sé-
» parer, telles ont été et telles sont
» encore mes occupations à mesure
» qu'elles me parviennent. Mais je sens
» qu'elles ne suffisent pas à remplir
» le vide affreux de mon ame! l'im-
» mense distance qui nous sépare vient
» jeter sans cesse le trouble et la
» confusion dans mes idées. Chaque
» lettre que je recois d'eux m'atteste
» leur existence; le tableau qu'ils me
» font du bonheur dont ils jouissent
» auprès de vous, m'exalte et me
» transporte : et tout à coup, une af-
» freuse prévision vient empoisonner
» ma joie, hélas! si douce. Depuis trois
» mois, me dis-je, que ces lettres sont
» sorties des mains de mes enfans, qui
» sait ici ce qui a pu leur arriver; et

» ces idées me replongent dans de
» nouvelles angoisses! Enfin je ne puis
» plus vivre seul, et sur-tout loin
» d'Adèle et de Victor. Je me dispose
» donc à partir sous un mois.

» Vous m'aviez adressé une quan-
» tité de denrées coloniales, dont j'ai
» retiré une somme de soixante mille
» francs. Eh bien! mon frère, je viens
» de tout distribuer dans les villages en-
» vironnant ma terre; j'ai fait des pen-
» sions à tous mes domestiques, et des
» aumônes aux pauvres. Je ne veux
» rien réserver de ces présens que
» vous m'aviez forcé à accepter, et qui
» m'eussent été bien inutiles! j'ai seu-
» lement conservé ma ferme où je
» compte aller terminer ma carrière
» quand mes enfans seront établis.
» J'arriverai chez vous apportant pour
» toute richesse les bénédictions des
» malheureux que votre générosité
» m'a mis à même de secourir, une

» ample provision de graines pour » mon Adèle, et des livres pour Victor. »

Votre frère,

HENRI.

M. de Kervarec en entrant dans le cabinet de Vavincourt, fut fort étonné de le trouver les larmes aux yeux : Eh quoi! mon cher hôte, votre frère ne peut-il se décider à venir vous rejoindre? Et l'habitant trop ému pour lui répondre, lui tendit la lettre. Le capitaine se mit à l'écart pour la lire plus à son aise; quand il en eut parcouru une partie il la referma promptement, se regarda dans une glace pour s'assurer s'il n'avait pas pleuré, et se hâta de la remettre à Vavincourt, en lui disant : Mon cher hôte, vient-il ou ne vient-il pas? je ne vous demande qu'un seul mot en réponse? — Eh! mais, n'avez-vous pas lu? — Oh! je m'en suis bien

donné de garde, j'ai vu le moment où j'allais encore retomber dans mon chien de mal. Sucrebleu! si je recevais une pareille lettre chaque semaine, je deviendrais fou avant la fin du mois.
— Eh bien! mon cher ami, il vient! dit Vavincourt en lui ouvrant ses bras.
— Il vient! répéta le capitaine en embrassant Vavincourt avec transport; ah! mon cher hôte, vive la joie! je vole annoncer cette bonne nouvelle à nos jeunes gens. Et en effet il se mit à courir dans le jardin à la recherche de Victor et d'Adèle.

CHAPITRE XII.

PROJETS de Vavincourt. Arrivée de Monbars sur l'habitation. Lettre d'Antonin.

TANDIS qu'Adèle et Victor témoignaient une joie tendre et expansive à la nouvelle de la prochaine arrivée de leur père, Vavincourt semblait plongé dans des méditations mélancoliques. La lettre de son frère était sans cesse entre ses mains. Pauvre Henri! se disait-il, combien il a souffert! Et tout à coup sortant de sa rêverie, avec cette vivacité qu'inspire une idée agréable, il fit appeler Adèle : Ma chère enfant, j'ai beaucoup d'occupation à te proposer; mais elle te sera agréable, j'en suis certain, ajouta-t-il en souriant. Il faut que tu esquisses la ferme de ton père, ses dépendances, les jardins qui l'environnent, les issues, les arbres, enfin que tu n'omettes rien de ce qui peut en retracer une fidèle image. Me devines-tu? Ah! cher oncle, dit Adèle en se jetant dans ses bras, vous voulez préparer une surprise agréable à votre frère? — Oui, chère enfant, c'est cela même; mais une surprise complette. Tu vois comme les bonnes idées multiplient les bonnes actions : il faut donc seconder mon projet de toutes les ressources de ta mémoire. Tu conçois que nous n'avons pas de temps à perdre. — Mon bon oncle, je vous entends; je vole à l'ouvrage, et dans deux heures vous aurez un léger croquis de tout cela. — Dans deux heures! oh! chère Adèle, que tu es aimable, dit Vavincourt en lui donnant un baiser sur le front; je vais m'occuper moi, de sa prompte exécution; et il se mit à écrire sur-le-champ au Port-au-Prince pour y demander l'architecte le plus habile, en le chargeant d'emmener avec lui des charpentiers, des maçons, des terrassiers, enfin tous les ouvriers propres à exécuter ses plans. Quelle douce joie l'animait en s'occupant de ces détails ! Former des projets et posséder les moyens de les réaliser, c'est pour tous les hommes la félicité suprême. Vavincourt ne dormait plus d'aise ; il jouissait à l'avance de l'étonnement agréable qu'éprouverait Henri en retrouvant l'image de ses pénates. Même exposition que celle de sa maison, distribution semblable, pareil ameublement, tout allait lui retracer ses anciennes habitudes, et tromper ses chagrins d'avoir à cinquante ans quitté la terre natale. Vavincourt était puissamment riche ; rien ne fut épargné. Les mulets et les nègres étaient occupés à transporter les bois, les pierres et autres matériaux qui se préparaient sur son indigoterie, au pied de la montagne. Adèle et Victor étaient les ingénieurs en chef de toutes les constructions. Le lieu de la scène avait été choisi par Adèle, sur un terrein favorable qui autrefois avait été planté en cafiers, à la lisière droite du jardin anglais. Corps de logis du maître entre cour et jardin; sur la gauche et triangulairement, la ferme, les écuries, le colombier, les granges, la laiterie, les pressoirs; enfin, puits, prairies, avenues, moulins, arbres épars, buissons, tout fut exactement imité. Tout s'élevait à la fois; tout s'exécutait avec une rapidité qui tenait de l'enchantement. A la vérité, hors l'habitation particulière d'Henri, qui fut construite dans ses proportions naturelles, tout le reste fut établi sur une échelle de réduction convenable au fond du projet. La végétation ne pouvait être la même. On remplaça les pommiers par des orangers superbes, les noyers par de beaux acajoux de l'espèce qui produit les noix d'acajou ; les chênes et les ormes y furent plantés en nature, cette végétation étant acclimatée depuis long-temps dans le pays. Ce fut particulièrement dans la construction du corps de logis principal que les détails intérieurs et extérieurs furent soignés ; salon, chambres à coucher, bibliothèque, meubles, étoffes, tout fut copié avec une vérité si frappante que les enfans d'Henri se livraient involontairement à tous les ressouvenirs de l'enfance que ce lieu leur inspirait.

M. de Kervarec et Francisque n'étaient pas étrangers aux travaux et aux jouissances du digne habitant; ils avaient chacun une mission de surveillance sur les ouvriers, car ils éprouvaient un plaisir inexprimable à seconder les projets qu'avait enfantés leur hôte dans son imagination sensible et reconaissante.

C'est dans ces circonstances qu'un soir, peu après le coucher du soleil, l'on vint annoncer à Vavincourt l'arrivée d'un étranger suivi de quelques esclaves revêtus d'une riche livrée. C'était Monbars. Le frère Antonin l'avait long-temps sollicité pour qu'il allât passer sa convalescence sur cette habitation, et Monbars s'était enfin rendu à ses desirs. Vavincourt le reçut avec sa grace et sa bonté familière. Après les premiers momens d'entrevue, il s'empressa, suivant l'usage du pays, de le conduire dans l'appartement qui lui était destiné, afin qu'il pût sur-le-champ s'y mettre plus à l'aise. Après quelques minutes l'on vint prévenir Monbars que son bain était préparé, car c'était la coutume chez cet habitant d'offrir le bain aux voyageurs arrivans ; celui-ci, fatigué de sa course, s'empressa d'en profiter ; mais avant de se séparer de Vavincourt, il lui remit une lettre du frère Antonin, et lui exprima en même-temps ses regrets de ce que peut-être il ne le reverrait plus de la soirée, sa situation le forçant à aller prendre du repos. Vavincourt donna des ordres pour que les soins les plus assidus lui fussent prodigués, et Monbars, après lui avoir témoigné avec noblesse combien il était sensible à ses attentions, se retira.

Vavincourt alla se renfermer pour lire plus tranquillement la lettre d'Antonin qui devait l'instruire du nom et de la qualité de l'étranger, il s'empressa donc de l'ouvrir, et y trouva ce qui suit.

« Mon digne ami,

C'est à mes vives sollicitations, que

vous devrez la visite de M. *Fridérics*, très-riche négociant danois que je présume être en rélation d'affaire avec le gouvernement français. Atteint d'une maladie violente, il s'est fait transporter dans notre maison, où il a été sur le point de succomber à son mal. Echappé comme par miracle d'une situation désespérée, il se trouve dans un état de faiblesse que prolongerait le séjour embrasé de nos plaines où les chaleurs sont encore excessives cette année. Je l'ai donc engagé à gagner vos montagnes, il s'y est décidé.

Je ne vous cache pas qu'il m'en a coûté beaucoup à me séparer de cet intéressant malade, qui offre par ses vastes connaissances et sa sensibilité une société aussi rare qu'attachante; mais vous savez, mon digne ami, que notre passage sur la terre n'est qu'une vie d'épreuves et de sacrifices.

Le caractère de M. Fridérics est

porté à la mélancolie ; c'est tout à la fois un mélange de résignation et de fierté qui étonne et transporte. On pourrait penser dans certains momens qu'une douleur profonde le consume, tandis que dans d'autres l'on voit briller son visage d'une douce sérénité.

Si j'en voulais croire toutes les conjectures des pères de notre maison, M. Fridérics ne serait autre chose qu'un prince étranger parcourant nos Antilles, sous le voile de l'incognito. La richesse des dons qu'il a fait à notre supérieur, le présent particulier qu'il m'a contraint d'accepter, l'habitude qu'il semble avoir de commander aux hommes, tout annonce en effet l'opulence et la grandeur : mais je n'ai pas pour maxime de chercher le merveilleux dans les choses qui s'expliquent d'elles-mêmes par la simplicité des faits. La bienfaisance et la générosité sont des vertus qui appartiennent à toutes les conditions, et je ne vois rien d'extraordinaire dans les présens d'un homme qui paraît avoir des propriétés considérables dans les îles, et des vaisseaux sur toutes les mers. A la vérité les personnes qui ont eu des relations avec lui, lui ont toujours parlé avec les marques d'un profond respect; celles qui sont venues s'informer souvent de sa santé sans pour cela lui rendre visite ne l'ont fait qu'avec ces égards et ces ménagemens que l'on a pour les grands: mais cela ne prouve rien. Un très-riche négociant n'est-il pas une sorte de petit souverain qui a ses ministres, ses commis, des places à donner et des faveurs à répandre. Tous les jours n'avons-nous pas sous les yeux l'exemple de la haute considération que dans cette partie du globe l'on porte aux grands négocians de tous les pays, considération que ne peuvent même balancer les plus anciens titres de de noblesse ? Ce qui me confirme dans cette opinion , c'est que l'étranger n'a reçu que des visites de marchands, d'armateurs et de gens de mer, et qu'il ne s'est pas même informé du nom des familles illustres qui possèdent des propriétés dans cette colonie.

Tels sont, mon digne ami, tous les renseignemens que je puis vous donner sur M. Fridérics. Ce que j'ai vu de lui, ce que j'en ai entendu, me font dire à son sujet, que *c'est une belle ame unie à un beau corps*. N'est-il pas affligeant qu'avec tant de causes et de moyens apparens d'être heureux, et à l'âge de trente-six ans, il n'envisage la mort que comme un bienfait : mais, hélas ! chacun a ses souffrances dans ce monde. Tous les hommes portent dans leur sein un ver rongeur qui les conduit lentement au tombeau. Personne n'est exempt de chagrins sur la terre, et encore moins que les autres votre dévoué et sincère ami, »

ANTONIN.

P. S. Rappelez-moi au souvenir de vos chers enfans.

Vavincourt relut encore cette lettre intéressante, et s'empressa de rejoindre sa famille pour la lui communiquer. Chacun ressentit une vive curiosité de voir un personnage aussi extraordinaire, et de connaître sa véritable qualité. On s'entretint aussi avec un tendre intérêt du bon frère Antonin. L'on chercha, mais inutilement, à pénétrer la nature et la cause de ses chagrins secrets; l'on épuisa toutes les conjectures, et l'heure du repos vint séparer cette aimable réunion.

CHAPITRE XIII.

Retour de William Scott. Histoire de Monbars.

Le chef des Flibustiers fut quelques jours sans paraître. Vavincourt allait lui rendre des visites, et l'engageait à venir augmenter le nombre des membres de sa petite société : mais tout entier à son projet, Monbars profitait de ses momens de loisir pour en rédiger les dispositions, attendant toujours avec impatience le retour de *Jules* et de *William*. Enfin sa santé lui ayant permis de répondre aux honnêtetés de l'habitant, il se rendit à ses invitations : c'était un jour d'assemblée. Vavincourt le présenta : Monbars fit la plus grande sensation. Vêtu à la française, avec une simplicité plus élégante que riche, toutes les femmes admiraient sa tournure et son aisance. Monbars était d'une haute stature, large de poitrine, et dans des proportions si exactes, que, quoiqu'il eût quelque chose de colossal dans l'ensemble, la facilité de ses mouvemens et la beauté de ses formes en adoucissaient tout le gigantesque. Sa tête était blonde, sa figure belle et bien dessinée, un peu haute en couleur, et légèrement hâlée du soleil. Comme il avait des cheveux en profusion, il les portait toujours sans poudre, mais disposés sur sa tête avec autant d'art que de goût. On aurait pu trouver trop de fierté dans son regard, s'il n'en avait su modérer l'expression à sa volonté. Sa force était un peu plus qu'humaine, puisqu'il pouvait aisément contenir la fureur d'un bœuf aussitôt qu'il était parvenu à le saisir par les cornes. Il lui était arrivé plusieurs fois d'en renverser sur terre à la manière des pâtres des colonies espagnoles. Monbars, précédé de la réputation d'être fort riche, soupçonné d'être un prince étranger, avec un extérieur aussi frappant, aussi accompli, ne pouvait manquer de fixer l'attention et d'enlever tous les suffrages. Il ne se dissimula pas l'impression qu'il avait faite; mais peu envieux de cette sorte de succès qui depuis long-temps ne touchait plus son amour-propre, il se hâta, par une conversation facile, pleine de graces et de simplicité, de familiariser la société avec sa personne, desirant peu d'être remarqué. Il dérouta avec beaucoup d'adresse toutes les conjectures sur sa véritable qualité par une politesse exquise, un ton excellent et une galanterie qui parut d'autant plus aimable qu'elle était éloignée de toute affectation.

Cependant l'opinion que Monbars était un personnage distingué se renforça davantage, ses manières n'annonçant pas assez cette bonhomie, cette rondeur qui caractérisent la plupart des négocians d'Europe, et particulièrement ceux des colonies. Dans cette première entrevue Monbars ne perdit pas tout à fait son temps, il étudia les personnages qui composaient cette réunion, et rentra dans son appartement assez satisfait de sa journée.

Quelles furent sa surprise et sa joie, quand le matin il apperçut William Scott, son lieutenant, assis auprès de son lit, et attendant dans un respectueux silence qu'il se réveillât. William lui annonça que ses ordres étaient remplis, que ses dix vaisseaux et son monde croisaient au large; il les lui fit même appercevoir de sa fenêtre, à l'aide d'une longue-vue de poche, quoiqu'ils fussent à six lieues de distance. Il ajouta qu'il avait donné l'ordre au commandant de cette flotille de longer la côte du sud, pour gagner le campement du Goufre s'il restait plus de cinq jours sans aller les rejoindre. Monbars satisfait de la célérité de Scott, lui en témoigna son contentement. Monbars, lui dit William, il n'appartient à aucun de nous de sonder vos projets; notre confiance dans votre sagesse est sans bornes; mais je dois vous observer que la guerre des puissances anglaise et espagnole contre la France, nous offre des chances de fortune, qu'aucune autre combinaison ne pourrait peut-être balancer. — Oui, Scott, reprit le chef, et ajoutes encore des chances de gloire et de bonheur. — Vous m'étonnez, Monbars, la gloire ne fut jamais l'idole des Flibustiers, et je crois que dans leur systême ils sacrifieraient à une divinité ingrate; quant au bonheur, ils le trouvent dans l'exécution de vos ordres, dans la réussite de vos entreprises, dans les fruits de leurs succès. — William, je le sais comme toi, et c'est ce système qu'il faut changer. Les Flibustiers, malgré leur esprit d'indépendance, leur insouciance pour la vie, leur disposition aux excès, leur habitude de dépenser en profusions ce qu'ils ont acquis au prix de leur sang et par des fatigues inouies, sont pourtant susceptibles d'atteindre un but plus élevé, plus noble, et plus digne de leur valeur. Tu les as vus tour à tour guerriers généreux et barbares intraitables. Ayant pour loi suprême d'obéir à leur chef, quels que soient les ordres qu'ils en reçoivent, ils ont été brigands avec des chefs sans principes, fanatiques avec des sectaires; j'en veux faire aujourd'hui la souche d'un peuple indépendant du joug des autres nations, affranchi

affranchi de la tyrannie des lois européennes et de l'empire des femmes ; enfin, un nouvel ordre de chevalerie inconnu au monde, ayant l'avantage de se repeupler sans cesse en offrant un asyle inviolable aux victimes de toutes les institutions humaines. — Monbars, votre projet est grand, vous en avez sans doute prévu toutes les difficultés ; j'ose croire que vous me ferez l'honneur de me compter au rang des braves qui seront chargés de son exécution. — William, tu seras toujours le premier dépositaire de ma confiance. Digne ami ! après toutes les marques de dévouement que tu m'as données, pourrais-je être assez insensible pour ne pas t'en réserver le prix ? Poussés l'un et l'autre dans une carrière pour laquelle nous n'étions pas nés, nous avons fait ensemble le noviciat où tant de nos camarades ont perdu la vie. De combien de travaux pénibles ton infatigable amitié ne m'a-t-elle pas affranchi ! Et dans ces momens cruels où je touchais au désespoir, accablé par la honte de la résolution que j'avais prise, avec quelle généreuse amitié n'as-tu pas relevé mon courage abattu ! Camarade, me disais-tu souvent, il en est temps encore, si tu veux quitter cette vie dure et terrible, je possède un peu de bien en Europe, et nous le partagerons ; mais si nous rentrons dans la société, soyons fidèles et soumis à ses lois. Aux lois de ces tigres ! te répondis-je ; non, William, succomber ou vaincre avec les Flibustiers : telle fut ma réponse. Permets donc, ajoutas-tu, que j'unisse mes destinées aux tiennes ; et nous poursuivîmes notre carrière en ne nous rappelant les peuples de l'Europe que pour leur faire sentir le poids de notre inimitié. Cher William, quel métier, quels périls, quels combats que les nôtres! Ah! que nos compagnons d'armes sont dignes d'un meilleur sort! de tels hommes ne doivent pas être confondus avec les vils pirates qu'ils combattent eux-mêmes. En achevant ces mots, Monbars se leva, et prenant le bras de son ami, ils allèrent respirer l'air pur du matin sur la montagne supérieure de l'habitation. Monbars avait choisi de préférence cette promenade, parce que, se disposant à faire à William des confidences intéressantes, il voulait s'établir dans un lieu où il ne pût être surpris; l'ayant trouvé, il reprit en ces termes.

Il faut que tu connaisses mon ame toute entière, et le temps est arrivé où je dois cesser d'avoir des secrets pour William. Tu sais que nos statuts nous exemptent de rendre compte de la nécessité qui nous a jetés dans la réunion dont je me trouve être le chef.

Les fondateurs, par ce sage réglement, ont voulu épargner des aveux pénibles ou des mensonges inutiles qui pouvaient jeter, dès leur entrée dans l'association, des préventions, ou établir des préjugés dangereux entre des hommes qu'une confiance sans bornes doit unir sans cesse. Je sais que parmi les nôtres il en est qui sont venus y chercher un asyle contre la sévérité des lois européennes; cependant, regardes quel est le pouvoir de l'exemple sur les hommes, pas un de ces individus n'a osé rompre ici le pacte sacré qui unit entr'eux les Flibustiers; pas une seule infidélité, aucune violation ni injustice, j'ajouterai même la moindre mésintelligence, n'a eu lieu depuis que je les connais: il semble que leur ame se soit retrempée avec leur corps à l'école des périls. Traités tous avec la même justice, ni jalousie ni préférence n'est jamais venue s'établir entr'eux, malgré cette différence extrême qui existe dans leur éducation, leurs préjugés, leurs habitudes et les diverses nations d'où ils sortent. Chaque Flibustier a trouvé ici celui avec lequel il pouvait sympathiser, il en a fait son matelot (1), son ami; et ces petites associations ont toujours regardé les autres Flibustiers comme des frères. C'est ici sur-tout que tu auras pu remarquer l'empire du génie et des lumières sur la masse. Avec quelle sagacité ces hommes savent reconnaître ceux de leurs camarades qui leur sont supérieurs par l'esprit et les connaissances:

(1) Les marins de toutes les puissances donnent aussi ce nom au vaisseau qui est chargé de les défendre, de combattre de concert avec celui qu'ils montent. Quand une ligne est formée, ils appellent *matelot d'avant* le vaisseau qui se trouve à leur proue, et *matelot d'arrière* celui qui les suit. Ils se donnent entre amis le nom de *matelot*.

toi-même, cher William, en es une preuve frappante; ils t'aiment comme un père; et quelle déférence n'ont-ils pas pour tes avis et pour ta personne? quelle estime et quelle confiance ne leur as-tu pas inspirée? Comme moi, d'un seul coup d'œil tu vas les précipiter à une mort certaine pour exécuter tes ordres, tant il est vrai que la seule influence à laquelle les hommes ne rougissent pas d'être soumis, est celle du *vrai mérite*, quelle que soit la modestie dont il s'enveloppe ou la confiance avec laquelle il se manifeste. — Monbars, votre amitié vous aveugle. — William, des Flibustiers ne se flattent point, ils sont indignes de cette bassesse : en faisant ton éloge, je fais encore plus le mien, puisqu'ils m'ont choisi pour leur chef, mais comme les autres, Scott, je cède à l'ascendant de tes grandes qualités. je vais te donner une preuve de confiance dont je t'ai reconnu digne depuis long-temps ; écoutes, ami, l'histoire de Monbars, et sois le dépositaire de ses projets et de ses pensées. William après s'être assuré que personne ne pouvait les entendre, vint se rasseoir sur un banc de mousse au pied du roc énorme où la conversation s'était déjà engagée. Ils dominaient de cette position la grande case de Vavincourt et les deux mers. Le chef des Flibustiers commença en ces termes.

Histoire de Monbars.

Je reçus le jour dans l'antique Hibernie, aujourd'hui nommée Irlande. Né de l'une des premières familles de cet ancien royaume qui était autrefois gouverné par plusieurs souverains à qui les Anglais ont arraché la couronne, je fus élevé dans les principes de la religion catholique romaine. Le comte de *Bellovai*, mon père, me fit donner l'éducation qui convenait à l'héritier de son nom et de ses grands biens. Plein du noble sentiment d'indépendance qui anima toujours les Irlandais, et profondément indigné du machiavélisme et des persécutions que les Anglais n'ont cessé d'employer pour nous asservir, mon père me fit en quelque sorte sucer avec le lait la haine qu'il portait à cette nation orgueilleuse et intolérante. Jeune encore je combattis à ses côtés pour notre liberté politique et religieuse ; mais le temps de mes voyages étant arrivé, je partis avec mon gouverneur et un ami d'étude que ses parens destinaient à la diplomatie. Nous parcourûmes d'abord l'Ecosse et l'Angleterre. Nous y visitâmes les universités et les établissemens publics qui pouvaient nous donner une idée de la force et du génie de ces nations. Je fus voir quelques familles catholiques pour lesquelles mon père m'avait remis des lettres ; et j'étais sur le point de former des liaisons à Londres, quand mon gouverneur arrêta notre passage pour l'Espagne : son intention était de nous faire voir ce royaume et celui de Portugal avant de traverser la Méditerranée pour aller gagner Rome. J'étais déjà parvenu dans cette dernière ville, lorsque je reçus des lettres de mon père, qui m'annonçait de nouvelles horreurs commises par les Anglais en Irlande, et des insurrections nouvelles faites par les catholiques pour s'en affranchir. Il m'ordonnait cependant d'achever ma tournée avant d'aller le rejoindre, et m'engageait à la faire avec fruit. Déjà deux années s'étaient écoulées ; j'avais parcouru l'Italie avec ce sentiment d'enthousiasme et de respect qu'inspirent les ruines de cette terre si célèbre, et j'arrivais en France quand mon gouverneur tomba dangereusement malade. Nous trouvant à peu de distance de Montpellier, nous nous hâtames de recourir à sa Faculté si renommée en Europe; mais la nature avait fixé le terme à la carrière de l'homme respectable qui s'était chargé de nous; il succomba trois jours après notre arrivée dans cette ville. Nous le regrettâmes sincèrement, parce qu'il méritait d'être regretté. Libres de nos démarches, mon compagnon et moi nous résolûmes d'aller directement à Paris, cette capitale du continent que nous brûlions de visiter. Une cour brillante en faisait les délices. Nous y fûmes présentés et bientôt accueillis avec cet empressement et cette amabilité qui caractérisent les Français. Les femmes dont l'œil est toujours si sûr, s'apperçurent aisément que nous débutions sur la scène du monde, et notre double qualité d'étranger et de novice les intéressa plus vivement à nous. Déjà, mon cher William, nous commencions à jouir des douceurs et des charmes attachés à la société de ces sirènes dangereuses ; nous allions peut-être devenir les héros de plus d'une avanture galante, lorsque mon père me rappela en Irlande, où toutes les fureurs de la guerre civile venaient de se rallumer. Ses lettres étaient pressantes, il me mandait qu'à l'exemple de plusieurs riches seigneurs du pays, il avait levé à ses frais deux légions considérables, de l'une desquelles il me réservait le commandement. Je me rendis à ses desirs.

Les Anglais s'avançaient à la tête d'une armée nombreuse, mais peu habituée à la guerre des montagnes. Chaque pas qu'ils faisaient sur notre territoire était marqué par le meurtre et la dévastation. Que de cruautés inutiles furent commises sur nos malheureux compatriotes ! Enfin après avoir attiré notre ennemi, par une suite de mouvemens habiles dans des positions favorables à nos projets, les chefs des indépendans, par des marches inconnues à travers d'horribles précipices, parvinrent à couper toute retraite à l'armée anglaise qui n'eût plus d'autres ressources que de se maintenir sur les montagnes, en attendant que de nouveaux renforts vinssent favoriser ses entreprises ou sa fuite; car nous ne pouvions pas la combattre après lui avoir laissé prendre les postes les plus avantageux : mais nous pouvions l'affamer et la forcer à se rendre. J'avais été chargé par le général en chef de me mettre à la tête de ma légion et de six mille insurgés; de descendre les revers des montagnes du nord jusqu'au bord de la mer, pour m'opposer au débarquement des nouvelles troupes qui devaient aborder vers les côtes du nord-ouest, persuadées qu'elles ne trouveraient aucune résistance dans un pays où leur armée s'était enfoncée à plus de trente lieues dans les terres. J'arrivai assez à temps pour remplir la mission qui m'était confiée. Déjà je me rapprochais des bords de la mer et j'allais déboucher d'une forêt considérable, quand des éclaireurs vinrent m'annoncer qu'à peu de distance de ma route, dans un village sur la gauche, où quelques maisons avaient été épargnées, l'on avait remarqué une centaine d'hommes de troupes anglaises dont plusieurs étaient en faction autour de la maison principale qui annonçait être occupée par quelqu'officier de marque. Des sentinelles avancées, placées sur la grande route à environ mille pas de distance étaient toutes les mesures de précaution que ce détachement avait jugé convenable de prendre, étant bien éloigné de soupçonner que des Irlandais pouvaient se trouver entre lui et le corps d'armée qui avait tout ravagé sur son passage, et chassé bien avant dans les montagnes tous ceux des habitans qui avaient pu échapper au carnage. Ne voulant lui laisser aucun moyen de fuir, je fis exactement cerner le village, et je m'en approchai au pas de charge. L'officier qui le commandait, se voyant surpris, mais sachant qu'il n'y avait aucun salut à espérer des insurgés, tenta une résistance inutile, et tomba percé de balles. En peu d'instans le reste du détachement éprouva le même sort : telle était ma déplorable mission, que j'avais reçu l'ordre d'user de représailles envers les Anglais et de ne faire aucun prisonnier. N'ayant vu pendant le combat sortir personne de la maison qui était confiée aux Anglais, j'y entrai accompagné de quelques soldats; juges, William, de ma surprise, lorsque j'apperçus au milieu de deux femmes consternées de frayeur, une jeune fille évanouie dans leurs bras. Rassurez-vous leur dis-je, moins barbares que les Anglais, nous savons respecter les vieillards et les femmes. Quelle est cette jeune personne?—*Héloïsa Morton.* —Quoi! la fille du major-général qui commande en chef l'armée anglaise ? — Elle-même, me répondit-on. O fortune, m'écriai-je, quel ôtage précieux! femmes ayez soin de ses jours, et tous les secours lui furent prodigués.

Cependant vingt-deux bâtimens de transport venaient d'être apperçus sur la côte, et portaient quelques-unes des troupes du général anglais. Ayant fait endosser à mes braves insurgés, les habits de l'escorte que nous venions de détruire ; je maintins sur la vigie de reconnaissance le pavillon qu'elle y avait arboré, et par cette manœuvre, j'attirai l'ennemi sur les bords. Ma légion était embusquée. A peine les troupes ennemies furent-elles débarquées, que, sans leur donner le temps de se reconnaître, mes insurgés, toujours bouillans de veangeance, fondirent dessus, et les taillèrent en pièces. Quinze cents Anglais, jonchèrent le champ de bataille de leurs corps criblés de blessures profondes; le plus petit nombre trouva son salut, en se jetant à la nage pour regagner les vaisseaux mouillés au large. Héloïsa était venue avec les troupes de cette réserve; mais ayant été trop indisposée par les roulis du bâtiment, on l'avait débarquée dès la veille, et déposée dans la seule maison du village qui pût la recevoir. Fille unique du lord Morton, son père, disait-on, ne pouvait se séparer d'elle. Comme il avait été chargé du gouvernement de l'Irlande, il lui faisait rejoindre Dublin pour y attendre la fin des troubles.

Pourtant les triomphes de notre colonne

colonne ne la sauvaient pas des atteintes de la famine. L'ennemi avait tout pillé ; le pays n'offrait aucunes ressources, je fus obligé de la diviser en petits partis pour la renvoyer par des chemins différens, rejoindre le gros de notre armée à travers les montagnes. J'emmenai ma prisonnière avec moi et conservai une centaine d'hommes seulement pour nous servir d'escorte. Héloïsa fut contrainte de faire à cheval une partie de ce voyage. Quels chemins ! quelles fatigues ! quels dangers ne courut-elle pas avant d'arriver dans les terres de mon père, car ce fut là que je la conduisis. Mes parens s'empressèrent autour d'elle. Ils ne virent que son malheur, et lui prodiguèrent des soins et des consolations. O William ! quelle impression fait encore dans mes sens le souvenir de ces temps si loins de moi et dans l'intervalle desquels tant de choses se sont passées ! Déjà sans doute, tu as présumé qu'Héloïsa était belle; ami, elle était plus que cela, elle possédait encore tout ce qu'une femme peut desirer pour séduire; et forte de tant d'avantages, elle avait l'art de n'employer ses dons si rares, ses talens enchanteurs que comme involontairement et à l'insu même de cette délicate modestie qui enveloppait sans cesse et ses actions et ses démarches. Ce n'est que dans les grandes villes, ce n'est que dans les cours, que les femmes acquièrent si jeunes cette perfection dangereuse qui couvre la corruption du cœur sous les dehors irrésistibles de la candeur et de l'innocence. J'avais vingt-quatre ans, et n'avais pas encore connu l'amour : il ne pénétra pas graduellement dans mon ame, j'en fus abîmé comme d'un coup de foudre ! Moins Héloïsa cherchait à plaire, plus elle témoignait de douceur et de résignation, et plus je m'enivrais de l'ineffable bonheur de l'aimer en silence, de l'adorer en secret. Quelle passion, cher William, s'alluma dans mon sein! peu d'hommes, j'ose le croire, ont ressenti de pareilles atteintes. Tout disparut à mes yeux ; les cris de ma religion persécutée, de ma patrie expirante sous les coups assassins de lord Morton, ne résonnèrent plus à mon ame que comme des sons affaiblis et perdus dans le lointain.

Cependant mon père et mes devoirs me rappelèrent à l'armée : il fallut obéir. Mais avant mon départ, toutes les précautions furent prises pour qu'Héloïsa fût scrupuleusement surveillée, et l'amour et la jalousie ordonnèrent des mesures qu'aurait dû dicter seule la haine de la tyrannie. A mon arrivée je reçus, avec les complimens des chefs, les marques de satisfaction de mon père, et l'on me nomma au commandement du troisième corps d'insurgés qui devait marcher à la poursuite de l'aile gauche du lord Morton. Ce général s'était conservé dans ses positions avec d'autant plus de succès, qu'il était parvenu à se frayer un passage jusqu'à la mer, vers l'ouest de la côte, d'où il tirait et ses renforts et ses subsistances. Son plan était celui d'un officier habile : il savait que celui qui dans un pays montueux est parvenu à s'emparer des sommets, a sur son ennemi un avantage qui ne peut être balancé que par des milliers de soldats. Dominant les camps des insurgés sur tous les points, il suivait sans fatigue leurs mouvemens, et les écrasait, aux moindres tentatives, de la toute-puissance de ses positions formidables. Il attendait une seconde armée qui devait décider par ses succès du sort de l'Irlande. Les chefs des indépendans, inquiets de l'arrivée de ces nouvelles troupes, avaient résolu de forcer Morton à la retraite, en rompant la chaîne de communication qui unissait son armée à la flotte anglaise. Ils arrêtèrent donc de les attaquer sur les bords de la mer, et de disperser les soldats, pour les battre ensuite partiellement. Mais je ne pus prendre aucune part à cette affaire qui a peut-être décidé du destin de ma vie. Soit que l'amour, en tempérant mes inclinations guerrières, ne me permît plus de supporter les fatigues des armes avec autant de facilité, ou que d'autres causes physiques vinssent s'y joindre, je tombai dangereusement malade, et l'on n'eut d'autres ressources que de me transporter au sein de ma famille. Dès ce moment je suspendis mes armes. Qui m'eût dit à cette époque, que je ne devais plus les reprendre qu'avec les Flibustiers! Ma maladie fut violente; mais la vue de celle que j'adorais ne tarda pas à me rappeler à la vie. Je m'étais apperçu qu'elle n'était pas insensible à mes peines, et cette découverte en me transportant d'ivresse me rendit la santé. L'ardente passion dont j'étais consumé ne me plongeait pas dans ces langoureuses extases si communes aux amans vulgaires. Plus j'aimais, plus j'étais épouvanté à l'idée de perdre un jour Héloïsa. Dans mon ame impétueuse je calculai toutes les chances de ma passion : quel que fût en apparence le rapport du rang et de la fortune, je ne me faisais aucune illusion sur les obstacles insurmontables qui s'opposeraient toujours à notre union. Le comte de Bellovai, homme dur, inflexible, ayant voué à tout Anglais une haine implacable, et juré la mort du lord Morton qui pour la seconde fois venait dévaster l'Irlande ; la différence des religions et les préjugés injustes du commandant de l'armée anglaise ; habitué à ne considérer et à ne traiter les Irlandais que comme des rebelles ; en un mot, la haine de ma famille, le mépris du parti dans lequel je me trouvais jeté, tout se réunissait à la fois pour me perdre et m'accabler. Je profitai, pendant ma convalescence, de mes promenades du matin au parc, pour entretenir Héloïsa de mon amour et de mes craintes : les gens chargés de sa garde s'amusaient à chasser, et ses femmes causant entr'elles à de grandes distances me laissaient l'occasion favorable de lui faire pressentir combien d'événemens sinistres menaçaient nos amours. Miss Morton sembla les partager, mais toujours avec cette réserve qui, en augmentant mes inquiétudes, accroissait encore mon délire. Enfin, un jour lui saisissant la main au détour d'un massif où je ne pouvais être apperçu : Belle Héloïsa, lui dis-je, d'un instant à l'autre vous pouvez m'être ravie, devenir le prix d'un échange, d'une stipulation, ou être enlevée à la force des armes. Que ferai-je? que deviendrai-je, s'il faut ne plus vous voir? Ah! par pitié, répondez à ces questions? A ces mots, Héloïsa vivement émue, après avoir furtivement jeté les yeux autour d'elle, me dit: Cher *Edouard*, notre séparation me sera d'autant plus douloureuse que je ne rentrerai chez mon père que pour me voir sacrifiée au vieux lord Stanhope, à qui je suis promise. Il m'attend à Dublin pour célébrer ce mariage! Profitez des momens, ajouta-t-elle, j'adopte tout ce que vous jugerez convenable d'entreprendre pour m'arracher à cette affreuse destinée; et en achevant ces mots, elle courut au-devant de ses femmes qui venaient de traverser une petite avenue pour aller à sa recherche. Quelle découverte je venais de faire! quelle situation

situation périlleuse ! mais aussi que de confiance, d'abandon et d'amour dans l'aveu que je venais d'entendre ! j'en étais transporté, mille projets ridicules, insensés, vinrent agiter mes esprits. Les amans, cher William, ne connaissent d'autres manières d'échapper aux contrariétés qu'ils éprouvent qu'en fuyant. C'est en fuyant qu'ils combattent, c'est en fuyant qu'ils triomphent. Mais partir avec la fille de son ennemi ! abandonner sa famille, sa patrie, ses compagnons de gloire, de travaux, d'infortune ; livrer peut-être le pays à toutes les horreurs de la rage et de la vengeance implacable d'un père irrité ! que de considérations pour m'empêcher d'adopter ce moyen, qui d'ailleurs n'était pas sans danger. L'Irlande était bloquée par les vaisseaux de l'Angleterre, qui, voulant empêcher les catholiques de recevoir des secours du continent, croisaient perpétuellement sur les côtes. Quelle horrible destinée que celle de tomber aux mains de ces barbares! Séparé impitoyablement d'Héloïsa, chargé de fers, jugé et peut-être condamné comme rebelle, n'était-ce pas s'exposer à la fois aux plus cruels supplices! d'un autre côté, l'Ecosse et l'Angleterre n'offrant pas un asyle assez sûr, assez impénétrable aux recherches de nos familles, il fallait de toute nécessité gagner le continent. Telles furent pendant quelques jours mes anxiétés. Enfin, je déclarai à Héloïsa, qu'il ne nous restait plus que le dangereux parti de la fuite. Elle me répondit qu'elle était résignée à tout. Cette réponse fixa mes incertitudes. Fuir avec Héloïsa, la posséder ou mourir, je ne voulus plus connaître que ces deux alternatives; et dès le même jour je travaillai à l'accomplissement de mon projet. Un seul domestique à qui je pus me confier sans crainte, Peters, mon fidèle Peters, fut chargé de me procurer une barque de pêcheurs pour me conduire en France, à la faveur d'un déguisement de marinier dont nous serions affublés tous les trois. Je lui donnai cinq jours et l'argent nécessaire pour faire ses dispositions. Il partit; son zèle et son intelligence me répondaient du succès de ses démarches. Je me fis rembourser un bon de trois mille guinées qui m'étaient dues par la caisse des insurgés, lors de ma première campagne. Mon père possédait quelques propriétés en France dont je comptais toucher les revenus; et, muni de ces ressources que je voulais économiser jusqu'à ce que des temps plus heureux me permissent de jouir de mon bien, je me tins prêt à partir. Enfin le moment favorable arriva: Peters avait tout disposé pour notre voyage; nous devions nous mettre en route le lendemain avant la pointe du jour. Je vis, le soir, une joie douce briller dans les yeux d'Héloïsa; ses regards me pénétraient d'ivresse; je ne voyais plus qu'elle, et, par des vœux secrets, j'invoquais l'heure où tout entiers à nous seuls nous jouirions enfin du bonheur d'exprimer en liberté nos sentimens, quand j'entendis avec effroi s'abattre le pont-levis du château; c'était un courrier qui arrivait de l'armée. O contre temps fatal! il apportait une lettre du comité de direction des insurgés, qui annonçait à ma mère la triste nouvelle de la prise du comte de Bellovai mon père, tombé au pouvoir des gens du lord Morton! On lui recommandait de s'assurer d'Héloïsa sa fille, jusqu'au moment où des troupes viendraient la prendre pour être renfermée dans une citadelle.

Monbars achevait à peine ces mots

que la cloche du déjeûner le rappellant à la grande case, et voulant présenter son ami William à Vavincourt, il remit la suite de son histoire à un autre moment.

CHAPITRE XIV.

Suite de l'histoire de Monbars.

Le lieutenant fut présenté comme un négociant danois, ami et associé de Fridérics, et l'habitant l'accueillit avec cette urbanité qui le caractérisait. Après le déjeûné, Vavincourt, toujours occupé de ses travaux, se hâta de remettre son monde à l'ouvrage. Monbars profita de cette absence, et reprit ainsi la suite de son histoire.

Quelle révolution cruelle, cher William, causa dans ma famille cette lettre inattendue! les larmes de ma mère, les sanglots de mes sœurs, ma tristesse profonde et la consternation d'Héloïsa ne peuvent se dépeindre. Mes parens s'imaginaient voir déjà le comte de Bellovai conduit à l'échafaud comme un conspirateur, et le lord Morton prononçant avec une joie féroce sa sentence de mort. Héloïsa croyait entendre à chaque instant les pas des soldats qui devaient s'emparer d'elle ; et moi, plus malheureux encore, je voyais s'évanouir mes espérances de bonheur comme une vapeur légère qui disparaissait pour toujours. Les convulsions du désespoir allaient m'atteindre, j'étais prêt à éclater et à découvrir un mystère qui m'eût rendu plus odieux encore à ma famille, lorsque miss Morton, de l'un de ses regards qu'elle savait rendre si expressifs, me rendit à moi-même : elle se leva pour aller se renfermer dans son appartement, et profitant du trouble qui agitait l'assemblée, elle eut l'adresse en passant près de moi de me dire que dans une heure elle jetterait un papier par la fenêtre du jardin.

A peine fut-elle sortie que ma mère me consulta sur les moyens de s'assurer de la prisonnière. Edouard, la vie de votre père en dépend, me dit-elle avec force ; je veux que mes gens se relèvent cette nuit pour veiller aux issues de son appartement, et que, sans manquer aux égards dus à sa situation, elle soit scrupuleusement observée jusqu'au moment où les troupes viendront me décharger du pénible fardeau de sa garde. Ces paroles terribles arrêtèrent la circulation de mon sang ; il me semblait que je venais de voir Héloïsa pour la dernière fois : mais l'excès des dangers me rendit à moi-même. Je me nommai chef de la surveillance ; je dis à ma mère que j'allais établir un service régulier parmi les domestiques, que j'en formerais des patrouilles, que je donnerais des consignes, en un mot que je répondais de la prisonnière jusqu'au moment de son départ. Mes paroles et mon ton semblèrent la rassurer. J'eus l'air de m'occuper de ces détails avec le plus grand zèle, et pour gagner du temps, j'avais donné les ordres de réunir tous les valets dans une des salles du château. Une heure s'étant écoulée pendant cet intervalle, je passai sous les fenêtres de miss Morton où je ramassai bientôt un billet ainsi conçu : « Nous » n'avons pas un instant à perdre ; » Peters a déposé dans ma chambre » les effets nécessaires à mon travestissement. A minuit venez me prendre, mes femmes seront endormies ; » nous irons rejoindre votre fidèle » valet qui nous attend au fond du » parc. Héloïsa se confie à votre » amour et à votre courage ». J'écartai les domestiques, je fis éteindre les feux au moment de l'exécution, je me travestis, et recevant Héloïsa dans mes bras sous les habits d'un matelot, nous rejoignîmes Peters sans avoir été apperçus; nous descendîmes les vastes fossés du parc, qui étaient à sec, et au moyen d'échelles, nous nous trouvâmes dans la forêt attenante au château. D'excellens chevaux étaient préparés; les harnois rustiques dont ils étaient couverts, ajoutaient encore à notre sécurité. Les pâles rayons de la lune nous aidaient à suivre Peters, qui, chargé seulement d'une valise, nous guidait à travers des sentiers qui lui étaient connus. Revenus l'un et l'autre de la première émotion et des frayeurs dont nous étions involontairement agités, je ne pus m'empêcher de témoigner à miss Morton combien le sort de mon père me causait d'inquiétude. Rassurez-vous, me dit-elle, j'ai tout prévu; j'ai adressé à lord Morton une lettre qui le forcera à avoir pour votre père les mêmes égards que j'ai trouvés au sein de votre famille, et je lui laisse l'espérance de me revoir sous peu. Tant de présence d'esprit et de caractère me plongeaient dans l'admiration. Nous marchâmes une grande partie du jour, et nous arrivâmes sur la côte où la barque nous attendait. En cet endroit, Peters remit les chevaux à celui qui s'était chargé de les y attendre, et nous mîmes à la voile sur-le-champ. Pour n'être pas visités le lendemain matin, le patron de notre navire s'éleva dans le sud en pleine mer, et nous fûmes contraints d'aller débarquer sur les côtes d'Espagne, non loin du Cap Finistère. Notre traversée avait duré huit jours; Héloïsa me surprenant quelquefois en proie à la tristesse, me disait: Cher Edouard, regretteriez-vous le sacrifice que vous me faites en m'accompagnant, et ne voyez-vous pas que par cet événement heureux nous échappons l'un et l'autre à la tyrannie de nos familles. Les querelles et l'ambition de nos pères nous plongeaient dans un abîme de maux incalculables. Le comte de Bellovai, croyez-moi, se bat plus pour maintenir son rang et son autorité, que par dévouement à son pays et à sa religion. Le lord Morton, à son âge, avec sa fortune et ses services, pouvait jouir sur ses terres d'un glorieux repos, et faire le bonheur de sa fille. Non, l'ambition du pouvoir et des richesses ne connaît point de bornes ; il me sacrifiait gaiement au crédit et aux biens immenses du lord Stanhope, dont l'union me préparait le plus triste avenir. Depuis que je réfléchis, Edouard, je vois par-tout les générations naissantes, victimes de la fureur et de l'orgueil des générations qui les ont précédées : le monde semble être condamné à parcourir un cercle éternel de crimes et de vicissitudes. Je trouve l'occasion d'échapper à cette loi commune, et loin de m'affliger de quitter l'Angleterre, je me réjouis d'être enfin libre de mes destins, à mon entrée dans la vie.—Ah! William, si à cette époque j'eusse eu plus d'expérience des femmes, combien j'aurais été effrayé de la philosophie d'Héloïsa! que de corruption, d'insouciance et d'insensibilité dans ces paroles d'une jeune fille, que j'écoutais pourtant comme un oracle! que te dirai-je, elle me séduisit au point que je ne l'envisageais plus que comme un être supérieur auquel je devais soumettre ma faible intelligence. Héloïsa, jeune, belle, remplie d'esprit et de talens, était devenue mon idole et ma divinité: elle engourdit mon cœur sur tous les souvenirs de la patrie. J'adoptai sa manière de voir, de penser; je me livrai avec une coupable incurie aux charmes de sa possession. Mon cher Scott! qui n'en eût pas été glorieux ! par-tout elle enlevait les hommages, par-tout les cœurs volaient au-devant d'elle ; ce fut là que je reconnus l'empire de la beauté réunie à l'esprit et aux graces. Dans les promenades, aux spectacles, dans les cercles, je me trouvais enveloppé dans un nuage de vœux, de soupirs et d'encens que formait sans cesse autour de nous l'élite d'une nation galante et chevaleresque. Quel triomphe pour l'amour-propre ! je ne pouvais faire un pas, sans entendre dire : Qu'elle est belle !..... qu'il est heureux ! Si tu as connu les jouissances de la vanité, William, tout ce qu'à vingt-quatre ans l'on attache de prix à ce puérile bonheur, tu conçois de quelle félicité je m'enivrais alors. Héloïsa m'en paraissait plus belle encore. Comme je la chérissais ! comme je concentrais toutes mes affections dans le seul plaisir de l'adorer, et combien malgré les marques de tendresse qu'elle me prodiguait, car j'en étais aimé, je la trouvais encore froide et éloignée de partager le feu de mes sentimens! Je ne nierai pourtant pas que tant que dura cette léthargique erreur, je n'aie éprouvé quelques instans heureux. Si alors j'eusse quitté la vie, je serais mort noyé dans un torrent de délices; mais ma destinée était de reconnaître un jour l'abîme au fond duquel je m'étais précipité.

Lorsqu'Héloisa eut épuisé la coupe de l'admiration, l'Espagne la fatigua. Son cœur, toujours avide de jouissances nouvelles, soupira pour d'autres pays, et la France devint l'objet de ses plus vifs desirs. Comme elle maniait l'arme du sarcasme avec une adresse inexprimable, elle me fit, pendant la route, un tableau des plus piquans sur les ridicules des Espagnols. Cette nation confond tout, me disait-elle; elle prend la morgue pour la dignité, le faste pour la grandeur, et son penchant à l'oisiveté pour un signe indélébile de sa noblesse. Les Espagnols aiment passionnément les femmes, mais pour eux seuls; ils leur refusent jusqu'à l'éducation; ils les adorent comme des divinités, et les traitent comme des esclaves. Leur galanterie est lourde et fatigante; les vieillards chez eux y conservent les prétentions de la jeunesse, et personne ne sait se rendre justice; leurs moines sont d'une impertinence rare, qui n'est rachetée ni par de l'amabilité ni par de l'instruction; les femmes y seraient charmantes, mais elles se laissent trop avilir sous le despotisme des hommes. La cour ressemble encore à ce que nous connaissons de celle du roi Dagobert. Je n'aime les Espagnols, ajouta-t-elle, qu'aux courses de taureaux, non pour le spectacle qui est dégoûtant en lui-même, mais il semble que tout

tout ce que la nation a de gracieux et de remarquable se trouve réuni ce jour là dans l'arène : des hommes bien tournés, lestes, forts et intrépides développent une adresse et une agilité qui, jointes au prestige du costume et de la musique, amusent et séduisent tout à la fois. Acteurs et spectateurs, tout à l'air d'être en scène. Les applaudissemens partent du cœur ; la nation se peint là toute entière et sans réserve, et sa passion pour cette gymnastique, qui fait naître au même instant et le rire et l'effroi, annonce son besoin d'être agitée par des passions tendres et fortes tout ensemble.

Nous arrivâmes dans la capitale. Héloïsa était habituée au luxe ; je l'aimais trop pour ne pas voler au-devant de ses desirs ; mais cent mille francs ne pouvaient pas nous promettre une longue existence dans cette ville fastueuse. Trop plein de ma passion pour réfléchir sur l'avenir, je fis tout ce qu'Héloïsa voulut; je louai un hôtel élégant; je lui donnai des gens et une voiture à la mode; je la produisis chez mes connaissances, chez celles de mon père, et toujours sous le nom de *miss Morton*, car elle disait qu'elle était trop indifférente à l'opinion des hommes pour vouloir les tromper. Sa beauté, sa tournure, son esprit, firent passer sur ce que sa démarche avait d'irrégulier; on en rafolla bientôt, et les premières familles s'empressèrent de la recevoir. Je dois à la vérité de dire que miss Morton avait une instruction plus étendue et plus solide que la plupart des françaises chez qui elle était admise, et que les hommes, étonnés de la variété de ses connaissances, se plaisaient autant à l'entendre qu'à l'admirer. Cher William, elle portait si loin l'art de la séduction, qu'elle était également recherchée des femmes ; et elle savait si bien les ménager, que je n'en vis jamais aucune jalouse ni de la supériorité de ses talens, ni de celle de ses attraits. La saison de l'hiver ramenant la société à Paris, Héloïsa ne tarda pas d'agrandir le cercle de ses connaissances ; bientôt elle ne put suffire aux nombreuses invitations qu'elle recevait : mais ayant pris les Français en amitié, et s'appliquant à les connaître, elle se multiplia autant qu'il lui fût possible. Je l'accompagnais sans cesse, et le rôle agreable et flatteur que j'avais joué en Espagne se changea insensiblement en une corvée pénible et souvent ridicule. A peine Héloïsa avait-elle paru dans un cercle, qu'après avoir brillé comme un éclair par des saillies, des citations ou des remarques piquantes ; elle prenait congé de son monde avec une aisance et une facilité qui semblaient n'aller aussi bien qu'à elle.

Elle laissait toujours la société dans l'enchantement et les regrets. Mais à peine était-elle rentrée chez elle que ses femmes s'empressaient de l'habiller de nouveau pour d'autres visites ; et ce manège, qui se répétait plusieurs fois dans une soirée, commençait à me rendre fatigante cette vie dont les commencemens avaient été si délicieux. Je ne jouissais presque plus de la société d'Héloïsa ; toute occupée d'assemblées, de concerts, de fêtes, de spectacles, le tourbillon des dissipations continuelles auquel elle se livrait, ne lui laissait à peine que le temps de se livrer au repos ; et je me trouvais seul, quoique je ne la quittasse jamais. Un incident imprévu vint mettre un terme à ma situation : je lus dans la Gazette de Hambourg un article ainsi conçu : « Le comte de » Bellovai, l'un des chefs des insurgés » de l'Irlande, vient d'être transféré

» dans une petite citadelle à six mille » de la ville de Derby ; il paraît qu'il » ne sera mis en jugement que lors- » que le lord Morton aura recouvré » sa fille, que l'on dit évadée pour le » continent avec Edouard de Bel- » lovai, fils du prisonnier ».

Cette lecture m'accabla, j'en fis part à miss Morton qui n'en parut nullement surprise, et me répondit que cela lui semblait dans l'ordre naturel des choses ; qu'au surplus, le comte ne serait pas mis de long-temps en jugement, attendu qu'elle était bien décidée à ne retourner en Angleterre que lorsque le temps d'y recueillir ses biens serait arrivé. Tout en ne cessant de l'adorer, cette impassibilité me révoltait ; je ne pus m'empêcher de lui dire avec tristesse : Héloïsa, mon père est donc condamné à une prison perpétuelle ? Que vous êtes enfant, me répondit-elle en essayant devant sa glace une rose de diamant qu'elle plaçait dans ses cheveux ; vous n'entendez rien aux affaires, mon cher, celle-ci s'arrangera comme tant d'autres, et j'y donnerai mes soins. Tout entier à ma douleur, je lui témoignai le desir de ne pas sortir, présumant qu'elle serait assez complaisante pour me faire compagnie. Quel fut mon dépit, quand je l'entendis commander les chevaux, et donner à voix basse un ordre à son laquais. Cher William, vois combien j'étais tourmenté ; depuis près d'un mois, une divinité infernale avait souflé tous ses poisons dans mon sein : la jalousie, et la jalousie la plus sombre me dévorait. Héloïsa sortir seule ! ne rentrer qu'à minuit et accompagnée d'un autre que d'Edouard ! Mais je ne pouvais plus m'en dédire, je craignais de me donner un ridicule aux yeux d'Héloïsa ; elle avait tant d'empire sur mon ame ! Juges de ma stupéfaction lorsque je vis entrer sur la pointe du pied un jeune colonel tout sémillant de joie et de suffisance, qui, après avoir cru m'honorer d'un demi-salut, tendit gracieusement son gant à miss Morton, en lui disant : Belle dame, je ne m'attendais pas ce soir à l'honneur de vous donner la main ; tant de bonheur fera le désespoir des envieux, et en vérité mon oncle est un homme adorable de m'avoir chargé de cette douce mission. Héloïsa se laissait conduire ; elle allait quitter son appartement, quand, abandonant tout à coup son cavalier, elle revint auprès de moi, et me donnant un baiser sur le front : soignez-vous, cher Edouard, me dit-elle à voix basse et en riant, et sur-tout reposez un peu cette imagination si facile à s'allarmer. Te l'avouerai-je, ami, j'étais prêt à pleurer.

Je ne pus lui répondre, elle avait déjà disparu.

Quels pouvaient être ce colonel et cet oncle qui semblaient tomber du ciel ? J'étais sur des charbons ardens : je voulais m'habiller, courir après elle ; mais où la prendre ? où la trouver ? Je fus pendant quatre heures dans une espèce d'agonie ; enfin elle revint, et me dit que l'oncle était M. de N..., l'un des ministres du roi, dont elle avait vu la voiture s'arrêter près de sa porte, qu'elle avait envoyé l'un de ses gens attendre qu'il sortît, pour le prier de sa part de lui donner la main jusques chez madame de T..., où elle comptait passer la soirée, et que ce galant ministre s'était empressé de lui envoyer son neveu. Edouard, me dit-elle, espérez-vous, mon cher, que j'aurai la bonté de vous faire une semblable confession chaque fois que

nous

nous ne sortirons pas ensemble ? — Chère Héloïsa, je n'ai rien exigé, et.... Miss Morton ne m'entendait plus ; elle s'était déjà endormie sans écouter ma réponse.

Je voulus continuer d'accompagner miss Morton, mais la chose devint tout à fait impossible, et sa légèreté et sa dissipation donnaient chaque jour un nouvel aliment à ma jalousie. Je tombai dans une espèce de mélancolie si profonde, que je portais le masque de l'accablement dans toutes les maisons où je la suivais. Héloïsa, loin de chercher à m'en retirer, était toujours la même, toujours poursuivant ses projets, recherchant avec ardeur le monde et ses plaisirs, et me laissant en proie au sombre désespoir.

Elle m'annonça un soir qu'elle allait au bal et qu'elle ne rentrerait pas. Juges de quel coup de foudre je fus frappé quand on me remit le matin cette lettre qu'elle m'adressait. William la prit des mains de Monbars, et lut ce qui suit :

« Les Irlandais méritent de perdre leur cause, mon cher Edouard, ne serait-ce qu'à raison de la mauvaise éducation qu'ils donnent à leurs enfans; et vous en êtes la preuve convaincante. Comment? après tous mes efforts pour faire de vous un homme aimable, avec tous les moyens de plaire, de jouir et d'être heureux, conserver dans le pays le plus poli du monde, sa rudesse natale et les gothiques préjugés de ses pères ! cela n'est pas pardonnable quand on a le sens commun.

» Je vous délaisse, mon bel ami, et c'est vous qui l'avez voulu. Ce n'est pas que j'aie cessé de vous aimer ; mais je craignais que cet événement ne me surprît pendant que nous aurions été ensemble. Je pourrais terminer ici ma lettre, ayant assez amplement déduit les motifs de notre séparation; mais comme vous ne manqueriez pas de vous récrier contre l'ingratitude des femmes, de m'appeler perfide, traîtresse, peut-être de me donner l'épithète de monstre, par pitié pour vos faiblesses, je vais donner quelque développement à mes explications.

»Lorsque je tombai en votre pouvoir, je fus touchée de vos égards et de votre courtoisie; votre extérieur heureux venant à l'appui de vos procédés, je me trouvai naturellement disposée en votre faveur. Vous me fîtes prisonnière dans un moment d'autant plus opportun pour votre amour, qu'en me rendant à Dublin pour épouser malgré moi le lord Stanhope, je ne faisais que céder à la force; et mon père le savait si bien que, malgré son respect pour le sexe, il me faisait venir militairement en Irlande: tout concourait donc à vous faire considérer par moi comme un libérateur.

» Arrivée chez vos parens, votre conduite ne se démentit point ; je reconnus en vous de l'esprit, de la franchise et du caractère ; je vis qu'il y avait de l'étoffe à faire l'ami que je cherchais depuis quelque temps, et je conçus l'espérance de vous corriger de toutes ces puérilités scholastiques, dont votre gouverneur avait infecté votre éducation. Je vous entendis converser souvent sur l'honneur, la patrie, la vertu, la reconnaissance et l'amitié, comme un véritable échappé d'université qui répète presque machinalement, et mot à mot, tous les lieux communs dont les professeurs ont eu soin de bourreler sa mémoire. Cela ne me donna pas une mauvaise opinion de vous, parce que je m'étais apperçue que quand vous raisonniez d'après vous-même, vous vous exprimiez toujours avec autant de goût que de justesse. Je me décidai donc à vous aimer. Je poussai ce sentiment jusqu'à ce degré qui le sépare de la passion, parce que je suis persuadée que la passion est un état de maladie qui ne produit jamais que des faiblesses, et que les faiblesses en tout genre sont sur-tout ce que les femmes doivent le plus soigneusement éviter. J'aurais bien voulu vous voir aussi raisonnable de votre côté; mais ardent et sans mesure, vous vous livrâtes comme un enfant à toute l'impétuosité de votre amour.

»La première fois où je reconnus que j'avais trop présumé de vos forces, fut le jour où vous vous décidâtes à me parler de mariage. Je ne pus d'abord vous répondre, tant le rire qui me gagna et mon étonnement furent grands; mais je vis avec peine que vous ne m'aviez ni devinée ni comprise. La gravité avec laquelle vous écoutâtes ma réponse acheva de m'amuser, mais vous me fîtes craindre alors d'avoir fait la méprise du dauphin de Lafontaine, qui, dans un naufrage, avait cru sauver un homme de la fureur des ondes.

» Le pieux souvenir des leçons de votre enfance, votre démarche sur le continent et le bonheur de me posséder vous ont rendu tour à tour très-aimable et très-sérieux. Dans un de ces derniers momens, vous avez quelquefois poussé l'oubli jusqu'à me donner à entendre que vous m'aviez sacrifié votre père. Je pourrais vous répondre que vous l'avez sacrifié à votre amour et non à Héloïsa, qu'à passion égale vous l'eussiez de même sacrifié à toute autre : mais moi, ne vous ai-je pas fait aussi le sacrifice de ce que le lord Stanhope voulait acheter au prix de sa fortune, de ce que les trésors des rois ne sauraient plus me rendre ? n'ai-je pas payé votre tendresse de retour ? oui, je l'ai fait, et loin de m'en repentir, j'éprouve encore un plaisir vif à m'en rappeler les doux instans. Cependant vous, Edouard, qui avez souvent analysé ce qu'on appelle la *vertu* des femmes, qui connaissez si bien toute la valeur de ce mot, qui en discourez avec tant de rigidité, répondez, ne vous ai-je pas fait le sacrifice de toute ma vertu ? y ai-je mis des conditions, des restrictions, et vous en ai-je jamais fait un seul reproche.

» Maintenant, mon cher, et sur-tout depuis notre arrivée à Paris, je me suis apperçue que ce pays qui adoucit les mœurs, polit les étrangers, rectifie le jugement et purge de tous préjugés, avait produit sur vous un effet tout contraire. Comme un arbrisseau de mauvaise venue dont on a voulu corriger la pousse, et qui, brisant ses liens reprend sa première position, vous vous êtes replié avec force sur votre antique éducation, vous avez abandonné la route de la raison, de la nature; vous êtes devenu songe creux, mélancolique, triste, bientôt misanthrope, frondeur et injuste, et vous m'avez fait regretter les temps de votre naïve ignorance.

» J'ai découvert de plus, depuis un mois, un vice affreux que la bonne opinion que j'avais conçue de vous m'a peut-être empêché d'appercevoir plutôt. J'ai vu que vous étiez jaloux. Jaloux! ah dieux! c'est un des vices qui ne trouve pas grace devant Héloïsa, c'est aussi celui qui m'a déterminée à vous quitter. Il faut fuir les maladies contagieuses; or la rage et la jalousie sont de ce nombre. Cependant, Edouard, croyez que je vous reste toujours tendrement attachée, que je voudrais vous voir plus heureux, parce que vous méritez de le devenir, et que vous le serez bientôt quand vous voudrez vous défaire de cette aspérité hibernienne qui vient gâter chez vous tous les dons de la nature.

» Avant de terminer ma lettre, je veux vous donner quelques conseils sur votre guérison. J'aurais bien pu l'entreprendre; mais il a existé entre nous des rapports de services, de sentimens; vous conservez encore des préjugés nationaux et religieux qui se seraient opposés à mes succès. Ce que je n'ai pas voulu faire, une autre peut le tenter; ce sont les femmes, oui, mon cher, les femmes seules, qui peuvent encore vous sauver. Si vous avez recours aux livres, aux philosophes, je vous déclare incurable. Voici donc ce que j'ai à vous dire à cet égard : La jeune et très-aimable duchesse de P** paraît vous avoir remarqué; elle m'a demandé des renseignemens sur votre compte du ton de l'intérêt. Trop sincère pour la tromper, je lui ai dit ce que je pensais de votre mal, mais avec tous les ménagemens que l'on a pour un homme à qui l'on conserve de l'amitié. Elle me paraît assez disposée à se charger de votre cure, si vous êtes encore en état de la supporter. Beaucoup d'aimables Français voudraient tomber entre les mains d'un tel médecin ; ce bonheur n'est réservé qu'à vous seul, sachez donc vous en rendre digne.

»Adieu, je vais passer une quinzaine à la campagne. Mon hôtel est au faubourg Saint-Germain, rue de...... Si à mon retour vous vous sentez en état de venir m'y voir, je vous recevrai avec plaisir. Soignez votre santé, Edouard, et suivez les conseils de celle qui restera toujours votre amie sincère,

HÉLOÏSA

» *P. S.* J'ai remis cinquante mille

francs dans votre porte-feuille. Vous devez penser que la fille unique du lord Morton a dû trouver des ressources à Paris, et les meilleurs amis ne doivent jamais oublier de régler leurs comptes. »

L'arrivée de quelques personnes les forçant à rompre leur entretien, Monbars remit la fin de son histoire à un autre moment.

CHAPITRE XV.

Nouvel incident.

Il était dans la destinée de M. de Kervarec et de Francisque, malgré l'amitié du premier pour le jeune homme, le respect et l'attachement de celui-ci pour le capitaine, de ne pouvoir vivre long-temps ensemble sans avoir quelque sujet d'altercation : mais il ne s'en était pas encore élevé entr'eux d'aussi grave que celui dont il va être parlé.

Francisque, depuis la partie de pêche, ne soupirait plus que pour l'aimable Florette, et il lui arrivait souvent d'aller rendre visite à madame Laboulai à l'insu de M. de Kervarec. Victor lui prêtait des chevaux ; ils faisaient ensemble ces petites échappées avec d'autant plus de plaisir, que le neveu de Vavincourt trouvait depuis quelques temps beaucoup d'agrément à se trouver dans la société de Pauline. Francisque et Victor ne s'étaient pas encore avoués entr'eux qu'ils étaient les amans de ces belles, et pourtant ils ne cessaient de s'entretenir de leurs qualités et de leurs perfections avec un charme infini. Un soir que M. de Kervarec se promenait au bas de la montagne, il crut appercevoir dans le lointain Francisque qui se disposait à la remonter au galop de son cheval. Piqué de ce que le jeune enseigne lui avait caché cette démarche, et résolu de savoir d'où il venait, il l'attendit à un détour, et paraissant tout à coup sur la route, il cria à Francisque de s'arrêter. Le jeune homme stupéfait d'abord, mais ne voulant pas compromettre ce qui aurait pu être le secret de Victor, piqua des deux et tenta de passer sans répondre. M. de Kervarec fit un mouvement pour se jeter sur la bride de son cheval; mais n'ayant pu y réussir, il leva sa canne avec emportement, en lui criant de toutes ses forces : Je vous ordonne d'arrêter, monsieur le drôle. Francisque, ayant apperçu Victor qui le suivait de près, avait franchi l'obstacle avec la légèreté d'un cerf et continué son chemin jusqu'à l'habitation. Le capitaine était rentré avec humeur dans un sentier qui à travers le bois conduisait à la grande case par un chemin beaucoup plus court; il fit tous ses efforts pour rejoindre Francisque en particulier; le jeune homme s'en apperçut, eut l'adresse d'éluder ce tête à tête, et se tint sans cesse avec le gros de la société.

Mais quel fut l'étonnement de M. de Kervarec, quand le lendemain à la pointe du jour il le vit entrer dans sa chambre revêtu de son grand uniforme et de ses épaulettes. Francisque, après l'avoir salué en entrant, remit fièrement son chapeau sur sa tête, et lui parla en ces termes : Monsieur, vous vous êtes permis hier de lever la canne sur un des officiers de sa majesté ; cet officier est devant vous, qui vient vous demander réparation de cet outrage. M. de Kervarec étonné de cette visite et de cette apostrophe inattendue, ne put s'empêcher de se mettre sur son séant, et se croisant les bras, il regarda Francisque d'un sourire ironique, en lui disant : Voilà une plaisante manière, monsieur le drôle, de réparer vos sottises ; croyez-vous par cette nouvelle escapade me faire oublier que vous n'avez pas répondu hier à la question que je vous adressai, et que je vous réitère aujourd'hui : d'où veniez-vous, monsieur ? — Vous le saurez, monsieur, dit Francisque avec calme, si je juge convenable de vous le dire quand vous m'aurez satisfait. — Comment, monsieur le drôle, vous prétendriez sérieusement provoquer votre capitaine? — M. de Kervarec n'est ici, comme moi, qu'un officier en semestre, sans commandement, et qui ne peut se refuser d'obéir aux lois de l'honneur quand même il serait amiral. — Mais y pensez-vous, monsieur le drôle, de prétendre qu'un officier de mon âge se mesure avec un imberbe comme vous? Francisque avec chaleur et enfonçant son chapeau: — Monsieur, sa majesté ne m'a pas trouvé trop jeune pour me confier cette épée. — Francisque, reprit le capitaine en riant et avec bonhomie, est-ce qu'à ton âge tu serais las de vivre? — Capitaine, ce propos est celui d'un fanfaron, et je sais qu'il ne vous convient pas. Vous m'avez

insulté

insulté grièvement ; si nous eussions été seuls, j'aurais pu m'arranger à l'amiable, pardonner votre emportement ; mais il existe un témoin de cette affaire, elle ne peut maintenant se finir qu'à la pointe de l'épée : en ce moment tout le monde dort, vous êtes un honnête homme ; je vous attends dans la petite prairie au bas du pont Chinois. Dans une heure, capitaine, vous m'y trouverez avec un témoin ; et il sortit en lui adressant le salut le plus martial qu'il eût peut-être fait de sa vie.

Ce qu'il y eut vraiment d'extraordinaire dans cette scène, ce fut l'état de méditation dans lequel tomba sérieusement M. de Kervarec après le départ de Francisque. Diable, se disait-il, Francisque serait-il dans ses droits? il m'a l'air d'être bien sûr de son fait : me serais-je mis en effet dans la nécessité de tuer ce pauvre garçon pour soutenir ma chienne de vivacité? car pour convenir de mon tort devant ce drôle, je ne puis décemment... Chien d'honneur, s'écriait-il, chiens de préjugés; et tout en jurant il cherchait les pièces de son habillement. En s'habillant, autre embarras : mettra-t-il son uniforme, ou se présentera-t-il sous l'habit bourgeois? Francisque paraît chatouilleux sur les convenances. Il se décide pour l'uniforme dont il détache seulement les épaulettes.

Tandis qu'il réfléchit sur les inconvéniens de la fâcheuse affaire qu'il s'était attirée, Francisque mettait ses comptes en ordre, et se disposait à mourir bravement, car il savait que le capitaine était une excellente lame; mais son parti était pris, et dès qu'il n'avait rien à se reprocher, il allait gaiement à son but : seulement il se proposait de vendre chèrement sa vie.

De temps en temps il songeait à Florette ; il sentait qu'il était dur de quitter l'existence quand on était parvenu à toucher le cœur d'une jolie fille, aussi avait-il préparé à son adresse un petit billet d'adieu bien tendre, en cas d'événement.

Victor avait été choisi pour être le second de Francisque, et l'on sent bien que le jeune homme n'avait pu en prendre un autre. Victor, qui dans le principe avait regardé cette affaire comme une plaisanterie que le capitaine saurait convenablement repousser, fut fort étonné de la tournure sérieuse qu'elle avait prise ; il n'en pouvait revenir, et ne concevait pas que M. de Kervarec eût pu se décider à prêter le collet à un aussi jeune homme. Il s'empressa donc d'en prévenir son oncle ; il n'y avait pas un instant à perdre. Vavincourt surpris de voir entrer son neveu d'aussi grand matin dans sa chambre, le fut bien plus d'en connaître les causes. Oh ! la bonne folie ! répétait-il sans cesse en riant de tout son cœur, on n'aura jamais entendu parler d'une semblable scène. Il fut convenu avec son neveu que les champions seraient amenés sur la lisière du petit bois d'acacia, dans lequel il se tiendrait caché derrière un énorme acajou qui s'y trouvait; qu'alors il paraîtrait quand il en serait temps. Ces préliminaires arrêtés, Victor fut rejoindre Francisque, qui jurait d'impatience en ne voyant pas venir son second : Partons, lui dit-il aussitôt qu'il l'apperçut, que le capitaine ne soit pas obligé de m'attendre; et ils s'acheminèrent en s'entretenant de Florette. Francisque arriva le premier au lieu du rendez-vous; bientôt après on vit venir M. de Kervarec, qui, se glissant furtivement le long du bois, se rendait auprès des jeunes gens qu'il avait apperçus. Son épée était cachée sous son habit. Victor les attira vers l'acajou à trois pas de cet arbre, de sorte que Vavincourt ne pouvait perdre un mot de ce qui allait se dire. Quand M. de Kervarec ne fut plus qu'à quelque distance de son adversaire, Francisque fit trois pas en avant et le salua avec noblesse, le capitaine lui rendit le salut ; aussitôt le jeune homme tirant un portefeuille de sa poche, le tendit à Kervarec en lui disant : Monsieur, ces papiers sont à vous, vous y trouverez l'état en règle de vos comptes. Le capitaine prit ce portefeuille et ne put cacher quelqu'émotion ; reculant aussitôt quelques pas : Allons, monsieur, dit-il brusquement, finissons cette affaire ; en un tour de main, l'un et l'autre jetèrent bas leur habit. Déjà Francisque était en garde, il s'avançait sur le capitaine et commençait à engager le fer, quand Vavincourt, qui avait eu le temps de se préparer, marchant droit à M. de Kervarec d'un air sérieux et un peu courroucé : — Comment, monsieur, lui dit-il, sur mes terres! dans mon jardin! s'égorger de sang-froid, sans avoir l'inquiétude de compromettre ses amis! Que l'on juge de la stupéfaction des deux personnages; et en même temps Vavincourt retirait l'épée des mains du capitaine, qui ne faisait aucune résistance. M. de Kervarec, revenu de son premier étonnement, s'efforçait de parler à Francisque par-dessus l'épaule de Vavincourt : — Monsieur le drôle, c'est donc un piége que vous m'aviez tendu? c'était donc pour me couvrir de ridicule que vous m'aviez attiré ici? — Capitaine, s'écriait de toutes ses forces le jeune enseigne, en répondant par-dessus l'épaule de Victor qui le désarmait de son côté, je suis incapable d'une telle lâcheté. — Nous nous retrouverons, monsieur, je l'espère. — Capitaine, je serai toujours à vos ordres. (Et M. de Kervarec se retournant vers Vavincourt) : — Pardon, mon cher hôte, je mérite vos reproches, je suis dans mon tort; cet étourdi m'a donné si peu de temps pour me reconnaître, que je n'ai pas fait attention aux localités. En disant ces paroles, M. de Kervarec se rhabillait; tandis que Victor et le jeune homme avaient pris un autre chemin en remportant les armes. L'habitant le prenant sous le bras et le ramenant à sa grande case, lui dit : Les localités, mon cher capitaine, m'ont servi de prétexte pour vous arrêter, mais croyez que c'est le fond de l'affaire qui me chagrine; comment, vous battre avec un enfant! — Mon cher hôte, vous avez été militaire? Francisque est officier, et l'épaulette ne connaît point d'âge. — Mais, capitaine, un homme raisonnable, d'un grade supérieur, peut-il se commettre avec un jeune enseigne, bien brave, j'en conviens, mais pour le moins aussi fou. — Mon cher hôte, j'avais calculé tout cela, je savais que je ne pouvais retirer de ce duel qu'afflictions et regrets; mais Francisque avait quelques droits de l'exiger, et franchement je l'estimais trop pour le refuser. Ici, Vavincourt ne put retenir un souris : — Singulière marque d'estime, et il me paraît que cette affaire n'est pas terminée? — Rassurez-vous, mon cher hôte, votre maison ne sera plus..... — Allons, monsieur, dit Vavincourt avec calme, vous avez raison; quand on estime les gens, il ne faut jamais laisser échapper l'occasion de leur couper la gorge; et l'on vous approuvera beaucoup, quand on saura que pour cette cause vous avez tué votre élève,

élève, votre ami, votre bienfaiteur, en un mot, celui qui vous sauva la vie ! — Qui me sauva la vie ? reprit M. de Kervarec interdit. — Oui, monsieur, et pouvez-vous l'ignorer ? vous étiez considéré comme mort dans la chaloupe, les vagues menaçaient de l'engloutir avec ceux qui y cherchaient leur salut ; on parle de vous jeter à la mer ; à ces mots, cet enfant effrayé colle sa figure contre votre poitrine, il y sent un reste de chaleur, il s'écrie : *Le capitaine n'est pas mort !* le danger redouble, déjà l'on vous saisissait, il se cramponne sur votre corps, dit qu'on le noiera plutôt avec vous, il jure, supplie, menace, pleure tout à la fois ; un prêtre français seconde ses efforts, et vous êtes sauvé. Vavincourt parlait encore, et le capitaine était déjà bien loin. Il arrive dans le salon au moment où Victor et Francisque y entraient par une autre porte, et se jetant sur la main du jeune homme, il lui dit gravement : Mon ami, j'ai eu tort, cela vous suffit-il ? et Francisque se précipitant dans ses bras, s'écria : Ah ! mon capitaine, je n'en demandais pas tant, vous n'aviez qu'un seul mot à dire devant monsieur, et j'étais satisfait. M. de Kervarec le pressait contre sa poitrine et lui disait : Francisque ! mon digne ami ! et le jeune homme répondait : Mon brave capitaine ! Vavincourt entra et fut témoin de cette scène touchante, quoique de courte durée, car M. de Kervarec n'aimait pas à s'attendrir : cependant reprenant encore son ton grave, il dit à Francisque : Comment, monsieur le drôle, vous m'avez sauvé la vie, et vous ne m'en avez jamais parlé ? — Mon capitaine, répondit le jeune homme, parle-t-on jamais de choses aussi simples, et seriez-vous étonné parce que j'ai fait mon devoir ?

Vavincourt versait des larmes d'attendrissement : Mes amis, leur dit-il, ne parlons plus du passé ; nous voici levés de bon matin, allons réveiller nos enfans et nos hôtes, et nous irons tous déjeûner à l'indigoterie. Bravo, mon cher hôte, dit le capitaine, je pourrai fumer ma pipe en chemin, et tout en s'occupant à la charger d'excellent tabac de la Havane, il disait entre ses dents : Quand ce drôle là fait des récits, il n'en finit jamais, et pourtant il oublie toujours quelque chose. Après quelques instans, cette aimable famille et sa société se mirent en route au milieu des ris et de la joie.

CHAPITRE XVI.

FIN de l'histoire de Monbars.

APRÈS le déjeûner, Monbars et William ayant trouvé l'occasion de se réunir dans un lieu agréable et solitaire, le long de la rivière des Lataniers, ce premier acheva son histoire ainsi qu'il suit :

Si tu as pu, cher William, te faire une idée de mes chagrins, de mon amour, de ma jalousie, tu conçois dans quel état affreux me plongea cette rupture imprévue. O comble de faiblesse et d'égarement ! je ne l'avais jamais tant aimée ! plus elle me maltraitait, plus elle m'accablait de sarcasmes et de ridicules, et plus je me sentais entraîné sur ses traces. J'aurais donné le reste de ma vie, pour obtenir encore quelques jours d'existence auprès d'elle. Mon imagination me la présentait toute brillante de ses charmes, de sa gaieté, de ses talens. Je me rappelais ces temps heureux où devenue l'idole d'une jeunesse empressée et galante, j'étais le seul objet de ses pensées les plus douces, et tout à coup je m'en voyais séparé par une barrière éternelle !..... Je jetais des cris involontaires, je me roulais dans mon appartement, je calculais les moyens de m'arracher la vie, j'appelais la mort à mon secours, et j'éprouvais tout ce que le désespoir peut faire souffrir à un homme sans le frapper à mort sur le coup. Telle fut l'affreuse situation dans laquelle je passai une partie de la nuit. Mes gens eurent pitié de mon état; ils me déposèrent sur mon lit sans que je le sentisse, car une crispation générale m'avait ôté l'usage de mes facultés ; mes yeux hors de leurs orbites semblaient fixés sur un objet, et je ne voyais rien ; mes dents craquaient les unes sous les autres; mes sourcils rapprochés ne formaient plus qu'une ligne sur ma figure horriblement empreinte de tous les tourmens de mon ame, et cependant dans cet état apparent d'absence de toute sensation physique, mes idées concentrées comme sur un seul point de mon cerveau me permettaient d'analyser et de sentir toute l'horreur de ma destinée. Enfin, ami, j'avais atteint le dernier degré de souffrance, de misère et d'abjection auquel l'homme puisse descendre, quand la nature seule vint à mon secours en me frappant de léthargie : ce ne fut qu'après un sommeil de mort d'environ quarante heures, que je revins à la vie. Toutes mes idées semblaient s'être échappées de ma mémoire : je croyais que le passé n'était qu'un songe vain, et que, pour la première fois, je m'éveillais au monde. Je jette autour de moi des regards inquiets et incertains ; conçois mon étonnement quand j'entends une voix douce et mélodieuse chanter à mes côtés une tendre romance de chevalerie. C'était celle de la duchesse de P**, qui, s'accompagnant d'une guittare, essayait depuis quelques momens, et d'après l'ordonnance d'un médecin, de me rappeler au sentiment de l'existence. O pouvoir de la musique ! ô charmes de l'harmonie, je ne puis encore lui parler, ni la reconnaître, et le sourire qui se manifeste sur mes lèvres annonce que mon ame a déjà éprouvé un soulagement qu'on n'espérait plus ! Quel est, ô mon ami, cet admirable équilibre qui soumet les facultés intellectuelles de l'homme à l'empire de ses sens, afin qu'il ne succombe pas sous le poids de ses affections morales? je devais mourir cent fois de mes chagrins, et c'est mon corps seul qui s'affaisse, qui se prête à ma douleur et qui entraîne insensiblement mes esprits irrités dans un engourdissement réparateur. — Eh bien! mon cher Édouard, me dit-elle avec sensibilité, est-il raisonnable de s'abandonner ainsi quand il nous reste encore tant de devoirs à remplir? avez-vous oublié tout à fait l'Irlande, votre famille, ce bon père qui gémit encore plus sur les égaremens de son fils, que de sa propre captivité. A ces mots tous les sentimens de la nature, tous les souvenirs de la patrie se réveillent avec force dans mon cœur, des larmes coulent en abondance de mes yeux, mes remords me déchirent, et ces nouveaux sentimens viennent affaiblir déjà la profonde impression de la perte irréparable que je croyais avoir faite. — Ah! de grace qui que vous soyez, lui dis-je, ne m'accablez pas de reproches trop mérités! — Moi! Edouard, ajouter à vos peines, quand je voudrais au prix de ce que j'ai de plus cher vous rendre au bonheur! — Je l'envisage, je la reconnais : mais vous fûtes l'amie d'Héloisa, lui dis-je avec défiance? — Eh! qui pourrait se défendre de l'aimer, répondit-elle. Malgré l'inconstance de ses goûts et la légèreté de sa conduite, miss Morton est un de ces êtres privilégiés, qui, semblable à l'astre qui brille sur nos têtes dont on oublie les taches aussitôt qu'il paraît, fait également évanouir ses défauts dès qu'elle se montre ou qu'elle parle. Hélas! je ne sentais encore que trop dans le fond de mon cœur la vérité de cette image. Ecoutes, William, et connais Héloïsa, toute entière : la jeune duchesse de P**, veuve, à vingt-trois ans, du vieux maréchal de ce nom, avait été élevée loin de la cour dans des principes assez austères. Maîtresse d'un bien immense et de sa personne dans un âge si heureux, Héloïsa avait reconnu en elle une de ces imaginations exaltées par la lecture de ces anciens romans où les amans et leurs belles ont tant de perfections: son cœur naturellement tendre la portait à aimer; mais elle voulait un adorateur qui eut de la religion, de la force d'ame, et qu'elle pût soumettre à des épreuves avant de le couronner par le don de sa main et le partage de sa fortune. Héloïsa, fine et malicieuse, n'avait pas tardé à approfondir ce caractère si original, dans un siècle où toutes les vertus de nos ancêtres étaient devenues l'objet du ridicule et du sarcasme; elle s'était apperçue que la duchesse m'avait souvent remarqué, elle lui inspira un vif desir de me connaître. En effet, madame de P** m'adressa plusieurs fois la parole dans les cercles où je la rencontrais ; mais trop préoccupé de ma passion, à peine fis-je attention à ses charmes et à l'essaim de prétendans qui accompagnait ses pas. Cette indifférence apparente acheva de l'intéresser à ma personne ; elle crut reconnaître en moi *le preux* qu'elle desirait rencontrer depuis qu'elle était libre. Héloïsa, pour l'enflammer davantage, n'avait pas manqué de me dépeindre comme un chevalier rempli de vieux préjugés et ne voulant servir pour la vie que Dieu et sa dame. Ces récits avaient tellement échauffé l'imagination de la duchesse, que miss Morton l'avait disposée à faire quelques démarches auprès de moi, au moment de sa rupture dont elle l'avait prévenue. Telles étaient les causes de la visite de madame de P** ; mais ce que j'étais loin de soupçonner, c'est que miss Morton et quelques personnes de sa société étaient dans un cabinet voisin de mon appartement, témoins à notre insu, de cette entrevue qu'elle avait disposée, jouissant en silence du fruit de sa malice et des scènes piquantes qui devaient en résulter. — Mais, ajoutai-je, qui a pu vous porter, madame, à prendre tant d'intérêt à mon sort ? A cette demande, la duchesse un peu confuse reprit : La connaissance de vos malheurs et mon attachement à notre religion; oui, Edouard, je sais que vous avez déjà combattu pour cette sainte cause; que votre père languit aujourd'hui victime d'un semblable dévouement dans les fers des Anglais, et j'ai résolu de l'arracher à l'esclavage. — Quoi! madame, vous pourriez espérer, entrevoir quelques moyens; ah! de grace!.... — Edouard, ceci est mon secret, dans trois jours je viendrai vous revoir, tenez vous prêt à entreprendre une aventure périlleuse, mais honorable, digne du courage d'un vrai chevalier, et qui fera renaître dans votre cœur l'espérance et la joie. Après m'avoir plaint de l'abandon dans lequel me laissait Héloïsa, et s'être appitoyée sur la corruption des mœurs, elle me quitta pour voler à Fontainebleau où se trouvait la cour.

La duchesse était proche parente de M. de N..., qui avait le porte-feuille de la marine : elle avait obtenu de ce ministre, et pour Edouard, le commandement d'une expédition secrette de deux cents hommes, qui, vêtus d'uniformes anglais, et commandés par un officier suisse, devaient tenter par la ruse l'enlèvement du comte de Bellovai. Mais dans le cas où ce détachement aurait été découvert, le ministre avait déclaré qu'il ne serait avoué ni réclamé par le gouvernement français. Ainsi cette expédition devait se faire à nos risques et périls.

Cependant tout ce qui pouvait en assurer les succès avait été ordonné dans le port de Brest : bâtimens légers, munitions, armes, vivres et argent, rien n'y manqua. La France avait quelqu'intérêt à ce coup de main, qui, s'il réussissait, devait ranimer l'espérance des insurgés, leur rendre un chef précieux par sa bravoure et ses richesses, et forcer l'Angleterre à maintenir un corps d'armée en Irlande.

Les trois jours écoulés, madame de P** arriva toute radieuse de sa réussite ; elle me donna les instructions propres à me faire reconnaître à Brest, et m'annonça que mon départ pour ce port devait avoir lieu huit jours après. Que te dirai-je, ami, l'aimable duchesse, qui chaque jour me témoignait avec la naïveté de son cœur innocent les sentimens de bienveillance qu'elle me portait, voulut m'armer son chevalier. Cette cérémonie se fit à huis clos dans son appartement, où un demi-jour affaibli ne me permit pas de distinguer le petit nombre d'assistans qu'elle y avait admis, et parmi lesquels figurait sans doute la maligne Héloïsa. Echarpes, devises, couleurs, rien n'y manqua. Je me prêtai à tout avec d'autant plus de complaisance, que quand la duchesse témoignait un desir il était difficile de résister à son amabilité. Cependant Héloïsa ne sortait ni de ma mémoire, ni de mon cœur; je l'adorais encore, en abhorrant ses principes; et quoique je l'eusse appréciée, je ne sais quel charme me la faisait regretter sans cesse : serait-ce que l'impression de nos premières amours est à jamais ineffaçable? Enfin, le jour de ma séparation arriva, je fis des adieux à la duchesse, dictés par le sentiment de la reconnaissance la plus vive et la mieux sentie. Adieu, Edouard, me dit-elle tristement, s'il ne reste plus dans votre ame aucun souvenir de celle qui fut autrefois la dame de vos pensées, songez quelquefois à *Emilie.* Telles furent ses dernières paroles : je lui avais fait serment de venir la rejoindre.

Nous débarquâmes la nuit sur les côtes d'Angleterre, et nous nous rendîmes en bon ordre à quelques lieues de la citadelle où mon père était renfermé. Un détachement de cinquante hommes, qu'on ne relevait que tous les mois, était chargé de sa garde. Dès la pointe du jour, nous entrâmes dans une ferme isolée, où après nous être emparés des maîtres et des valets, nous les enfermâmes dans une cave profonde sous la garde de quelques-uns des nôtres, en les assurant qu'ils seraient libres vers la soirée. Trois voitures de foin disposées à cacher nos soldats, furent attelées et conduites jusqu'au pont-levis ; le capitaine commandant

mandant se présenta lui-même pour les recevoir. Je précédais les chevaux, et tandis qu'il lisait une lettre dans laquelle on lui annonçait l'arrivée de six charriots de fourrage pour un régiment de cavalerie, qui, se rendant à Oxfort, devait le lendemain faire halte à la citadelle, les voituriers pénétraient dans l'intérieur, car je savais que ce commandant ne connaissait pas plus que moi l'employé des fourrages militaires. Cependant les ponts furent levés, et je me tins proche du commandant. Quatre de nos gens couverts de saraux vidèrent les voitures. Quelle fut la consternation du capitaine en voyant apparaître tout à coup deux cents hommes bien armés qui se rangent en bataille. Il veut faire un mouvement : Evitez-moi de vous tuer inutilement, lui dis-je en lui posant un pistolet sur la poitrine, et déjà nous étions maîtres de la place. Son détachement ne recevant aucun ordre, et interdit par le nombre, ne songe pas même à prendre les armes. On cherche des liens, chacun des soldats est attaché à un arbre; je force le commandant à me livrer son prisonnier. Quelle entrevue, William! j'apperçois mon malheureux père étendu sur un grabat placé dans un donjon, il se relève: C'est Edouard! s'écrie-t-il. — Mon père, vous êtes libre, c'est votre fils qui vous délivre! — Achève donc ton ouvrage, rends à la liberté onze Irlandais de marque, qui, faits prisonniers en même-temps que moi, partagent ici ma captivité! En un instant je brise leurs fers, ils se revêtent d'uniformes anglais, et nous nous mettons en route emmenant avec nous le commandant de la citadelle; nos gens de la ferme viennent nous rejoindre à l'heure convenue, et nous regagnons nos bâtimens en ordre. Sur le point de nous embarquer, nous rendons la liberté au capitaine ; nous cinglons en pleine mer et faisons route vers l'Irlande.

Mon père apprend en route l'histoire de mes égaremens, il me plaint et me pardonne. Tu ne peux rentrer, en Irlande, me dit-il, ta tête est secrettement mise à prix. Le lord Morton ne connaît plus de bornes à ses ressentimens, je crains même qu'il ne t'atteigne par-tout où tu porteras tes pas. Il s'est joint au lord Stanhope, ils ont uni leurs vengeances; des émissaires sont partis pour s'emparer de toi. Enfin, nous appercevons les côtes de l'Irlande, et leur abandonnant une de nos chaloupes, mon père et ses compagnons d'infortune, s'y jettent et vont gagner une des parties de la côte qui est au pouvoir des insurgés. Je l'embrasse, hélas! pour la dernière fois.

C'est ici que commence l'histoire

affreuse de mes persécutions; c'est surtout depuis cette époque, que j'ai appris à connaître les hommes, leur mauvaise foi, leurs viles passions et leur barbarie. A peine suis-je de retour en France que la trop aimable duchesse, frémissant encore des dangers auxquels elle croit m'avoir exposé, veut mettre un terme à ses épreuves périlleuses : ce ne sont plus que des gages de constance et d'amour qu'elle veut obtenir de moi. Bientôt je suis son chevalier en titre, je l'accompagne dans ses promenades, dans ses visites. Elle s'applaudit d'avoir formé un amant selon son cœur; elle ne cache son inclination à personne; elle triomphe avec un innocent orgueil, du siècle, de la vanité et des goûts frivoles de la jeunesse qui l'entourre. On lui tend mille piéges pour s'amuser encore à ses dépens; on ne craint pas d'affliger sa sensibilité, de lui susciter des chagrins, et des motifs de jalousie. Tantôt ce sont des agaceries directes qui me sont faites par des femmes charmantes, avec l'air du mystère et cependant en sa présence ; une autre fois des lettres anonymes me peignent comme un infidèle ; enfin, après une année d'épreuves dont je sors toujours victorieux sans effort, elle se dispose à m'accorder sa main. Te le dirai-je, William, j'avais bien découvert chez la duchesse les innocens travers qui offraient tant de prises à la malice de la société, mais elle était si bonne, si intéressante, si délicate dans ses sentimens, en un mot si digne par ses vertus d'être mise en parallèle avec les héros imaginaires qu'elle s'était choisis pour exemple, qu'elle m'avait entraîné par un charme indéfinissable à partager sa tendre inclination. Je l'aimais, non comme j'avais aimé Héloïsa, de cet amour actif, brûlant, impétueux, qui ne connaissait aucune loi, aucun frein, mais de cette passion tendre, délicieuse et fondée sur l'estime. J'étais enchanté de sa candeur, de sa naïveté; son goût même pour la chevalerie me la faisait paraître plus aimable encore. J'allais toucher au bonheur suprême, trouver dans la société de la duchesse un terme à mes chagrins, un abri contre les orages qui déjà avaient assalli ma vie, lorsque l'affreux sentiment du sordide intérêt vint se réveiller dans le cœur des héritiers de la duchesse : ils frémissent d'épouvante à l'idée de ce mariage; ils se réunissent et jurent entr'eux qu'il ne s'accomplira pas. Ils la circonviennent, usent de l'ascendant qu'ils ont sur son esprit, la pressent de différer, et l'épouvantent sur les suites et les dangers de s'unir à une famille d'étrangers et de proscrits. En vain madame de P** oppose qu'elle m'a juré sa foi, qu'elle m'a donné son cœur; qu'il n'existe aucune inégalité sous les rapports de la religion, du rang et de la fortune; on la sollicite, on la presse de différer au moins cet hymen sur lequel il sera prudent de préparer le monarque, afin de se maintenir dans sa faveur. Elle y consent. Pendant ce temps on me calomnie, on me dépeint comme un vil séducteur, qui n'a abusé de ses droits de vainqueur sur Héloïsa, que pour la ravir à sa famille: l'on m'accuse de n'avoir d'autre ambition que celle des richesses; d'avoir feint auprès d'elle des vertus que je n'ai pas, pour abuser son cœur, et m'approprier sa fortune. Enfin, cédant à des parens puissans qu'elle s'est habituée à respecter, elle m'annonce elle-même en pleurant qu'elle est contrainte à différer d'une année encore ce mariage auquel, ainsi que moi, elle attachait tout son bonheur. Un vieil oncle profite de ce délai pour me la ravir ; il l'entraîne au fond de l'Italie pour s'en faire une compagnie dans un voyage qu'il faisait à la cour de Naples, et je suis même privé de ses nouvelles. Pendant ce temps, mes ennemis me font entendre que si je ne renonce pas à mes prétentions sur la duchesse, je périrai victime de mon obstination. Les intrigues de l'ambassadeur d'Angleterre me font courir de nouveaux dangers ; il se rend l'instrument des vengeances du lord Stanhope et du général Morton. L'on fait des tentatives pour m'enlever et me conduire en Angleterre y remplacer le comte de Bellovai, dont les Anglais, furieux de l'enlèvement, ont juré de punir l'auteur. C'est Heloïsa qui m'avertit de mes dangers : « Fuyez, m'écrivit-elle, vos ennemis sont nombreux, puissans et réunis. La Russie vous offre un asyle ; en guerre avec l'Angleterre, les agens de cette dernière puissance y sont sans influence et sans pouvoir : mais vous n'avez pas un moment à perdre. » Ainsi, je vis s'évanouir les brillantes illusions dont ma jeunesse fut bercée ! Une femme coquette, indépendante et incapable d'un attachement solide, m'attire en France, je lui sacrifie ma famille et ma patrie ; après m'avoir fait éprouver les délices et les tourmens de l'amour, elle m'abandonne. Une autre femme pleine de charmes et de vertus, ne s'occupant que de mon bonheur, et voulant me consacrer son existence, m'est ravie sans que je puisse même savoir ce qu'elle est devenue ; je sens que je l'adore, et l'on nous arrache à notre amour. Poursuivi pour une maîtresse légère et infidèle, persécuté pour une amante sensible et constante, réduit à fuir dans des contrées lointaines ; seul, errant et sans patrie : telles sont, cher William, les traverses qui ont flétri ma jeunesse, qui m'ont appris à connaître et les hommes et les vices qui les dégradent. J'arrive à la cour du Czar ; il était en guerre avec les Persans : j'obtiens aisément du service. J'ai le bonheur de me distinguer, et je reçois du souverain des marques de satisfaction qui attirent de nouveaux orages sur ma tête, de la part des courtisans. Peu de temps après, la guerre s'engage avec les Turcs, et je suis indignement sacrifié à la tête de mon régiment par mes compagnons d'armes, qui, après m'avoir lancé des premiers dans une fausse attaque, se retirent et me laissent entouré d'ennemis. J'apperçois la trahison ; je me bats avec la fureur du désespoir, et j'obtiens de mes ennemis étonnés la vie et le salut de mes braves. Nous sommes faits prisonniers, mais traités avec les égards dus au courage malheureux. Enfin je suis échangé ; je rentre au sein de ma patrie adoptive; je veux porter mes plaintes aux pieds du monarque, on étouffe mes cris, on dénature mes actions, et je suis bientôt transformé en traître. On m'accuse d'avoir outre-passé mes ordres, d'avoir voulu livrer une partie de l'armée à la fureur des Turcs, d'avoir vendu le secret des forces russes et des mouvemens qu'elles devaient exécuter ; l'on apporte en preuve de ma complicité l'honorable capitulation obtenue par la valeur de mes soldats, sur un ennemi qui n'avait pas encore fait de prisonniers : en un mot, étranger et sans appui, je suis sur le point de me voir condamner à l'exil par ce même souverain qui m'avait honoré de ses bienfaits. La fuite seule me reste encore; mes ennemis me conseillent eux-mêmes ce parti, car ils ne desiraient que mon éloignement; et en peu de jours j'atteins les frontières de la

Prusse. Là j'apprends le sort des malheureux Irlandais ; tout me porte à croire que mon père est du nombre des victimes qui ont porté sur l'échafaud de la tyrannie leur tête innocente et vertueuse. Ma mère et ma sœur sont égorgées ; ma tête est publiquement mise à prix, et tous nos biens sont confisqués. Juges de mon épouvantable situation ! Je veux fuir l'Europe, cette partie de la terre où je n'ai trouvé que chagrins, injustices, horreurs et trahisons ; je m'embarque pour l'île de Cuba : ma mère y possédait une habitation de peu de valeur ; je veux m'y ensevelir dans une éternelle retraite, fuir à jamais la société des hommes, et mourir isolé. Les Flibustiers s'emparent du bâtiment qui me transporte, ils y répandent le carnage et la mort. A cet événement inattendu, je crois sentir la main d'une implacable destinée s'appesantir sur moi ; la rage s'empare de mon cœur, je me bats en homme qui veut mettre un terme à sa carrière ; je saisis la grande barre du gouvernail de la chaloupe, elle fait entre mes mains l'office d'une massue ; deux Flibustiers tombent à mes pieds, un troisième est sur le point de m'atteindre ; leur chef se précipite sur moi et me sauve la vie. Ils m'emmènent à leur campement, m'y traitent avec douceur, m'engagent à faire partie de leur association. Je résiste, je combats ; mais bientôt la haine des Anglais se réveille dans mon ame avec toutes ses fureurs ; je les regarde comme les auteurs de tous mes maux ; je veux m'en venger, et j'entre en noviciat. Tu sais le reste, cher William, tu sais si jamais j'ai manqué une seule expédition contre cette nation fourbe, insolente et tyrannique. Les Flibustiers étonnés de mon audace, ignorant les causes de mon acharnement, ont souvent attribué à ma seule valeur ces combats terribles que leur livrait ma vengeance. C'est par ces chocs épouvantables, où je croyais appaiser les mânes de ma famille entière, qu'avant même d'être reçu Flibustier, j'avais reçu de mes compagnons d'armes le titre d'*exterminateur*. Leur chef fut tué dans une attaque ; ils me décernèrent le commandement. J'en veux profiter, William, pour fonder une colonie nouvelle, dominatrice de toutes les colonies. Je ne veux plus que nos Flibustiers, après avoir échappé à tant de dangers, soient réduits à la triste alternative d'aller vivre sous la domination de ces mêmes puissances que pendant vingt années ils auront combattues ; en un mot, je veux m'emparer de la Jamaïque. Possesseur de cette clef des Antilles, j'aurai bientôt soumis à ma domination Saint-Domingue et Cuba, Tabago et la Barbade. Un nouveau systême de construction dans notre marine, nous permettra de nous rendre les protecteurs de toutes les îles du vent; et affranchissant le commerce du Mexique des entraves des compagnies indiennes, nous rendrons les nations européennes nos tributaires, nous délivrerons l'Amérique du joug de leur tyrannie, et nous prendrons rang enfin parmi les puissances du Nouveau-Monde. Je te ferai connaître mes plans d'attaque, mes intelligences avec *Harabatou*, le roi des nègres-marrons des montagnes bleues; la nouvelle législation que je veux introduire parmi mes sujets et mes vassaux; enfin tout ce qui pourra concourir au succès de ma vaste entreprise; et en achevant ces mots, il se leva pour rejoindre la société. William était plongé dans de profondes réflexions à la nouvelle d'une résolution aussi extraordinaire, car il en connaissait toutes les difficultés aussi bien que Monbars. Cependant s'étant apperçu que le chef s'était décidé à cette expédition inouie dans les annales de la Flibusterie, il ne songea plus qu'aux moyens de multiplier les chances d'une heureuse réussite.

CHAPITRE XVII.

Passions nouvelles. Arrivée du supérieur de la Charité chez Vavincourt. Dangers d'Adèle. Cadeaux. Départ de Fridérics.

Avec quelle rapidité les événemens vont se presser. Combien il est difficile de retracer à la fois les effets de l'amour d'Antonin, la passion naissante de Victor et de Francisque, l'impatience qu'éprouve M. de Kervarec de rentrer en campagne, les inquiétudes de Vavincourt touchant l'heureuse arrivée d'Henri à travers les hasards de la guerre, la profondeur des combinaisons de Monbars pour la réussite du plan qui flattait son imagination exaltée, enfin la catastrophe qui a décidé pour toujours du sort des Flibustiers, en faisant disparaître du Nouveau-Monde ces modernes titans dont l'influence pouvait à la longue bouleverser la civilisation de tous les peuples, et ramener les nations policées à cet affreux systême par lequel sont régis les barbaresques et les habitans malheureux d'une partie de l'Afrique. Que d'incidens inattendus ont eu lieu tour à tour et souvent à la fois, dans l'espace de quelques mois : mais les traits les plus délicats du tableau qui restent à finir, sont ceux qui ont des rapports directs avec le personnage de cette anecdote, que l'on soupçonnerait le moins par sa candeur, son innocence, la beauté de son ame et ses douces occupations, devoir donner prise aux passions ardentes et tumultueuses. L'on s'apperçoit déjà que c'est de l'intéressante Adèle qu'il va être question. Comment en effet initier le lecteur avec ces impressions étrangères qui commencent à pénétrer doucement dans son cœur, et à la disposer en faveur de Monbars à une sorte de bienveillance qu'elle n'a encore ressentie pour personne. Monbars ne cherche ni à plaire ni à séduire, et Monbars est l'objet particulier de ses attentions et de ses prévenances: quand elle l'apperçoit une joie douce la pénètre et lui fait trouver de nouveaux charmes à sa conversation. En effet, lorsqu'elle compare ses graces, son instruction, la solidité de ses raisonnemens, cette teinte de sensibilité mélancolique qui perce à travers son air et sérieux et martial, avec l'ignorance, la légèreté, l'insouciance et les ridicules des Créoles les plus empressés à lui faire la cour, elle ne peut s'empêcher d'apprécier la distance immense qui le sépare de cette jeunesse inconsidérée, et la supériorité qu'il exerce non-seulement sur ces jeunes habitans sans exception, mais même sur la plupart des Européens de marque qui fréquentait la maison de son oncle. Ce qui l'avait encore touchée dans la conduite de Fridérics, c'étaient les égards respectueux, la bienveillance particulière et soutenue qu'il témoignait à Vavincourt. Un des chemins secrets pour parvenir sûrement au cœur d'Adèle était de témoigner de l'amitié à son oncle; Monbars passait des journées entières à converser avec lui, il l'accompagnait dans ses promenades, il ne dédaignait pas de pénétrer dans les labyrinthes d'une métaphysique abstraite où Vavincourt aimait à s'enfoncer par suite du pyrrhonisme qu'il professait, et Adèle n'avait pu remarquer, sans éprouver un sentiment de reconnaissance pour Fridérics, le plaisir que goûtait Vavincourt dans la société de cet étranger. Telle fut peut-être la première et innocente cause des sentimens d'Adèle. En amour, en guerre, comme en fortune, la circonstance la plus légère en apparence et la moins prévue, décide souvent de notre sort. Que d'inclinations faites et de mariages conclus, combien de victoires perdues ou remportées, de richesses dissipées ou acquises par l'effet d'une seule entrevue, d'une rencontre, d'un mot ou d'un coup-d'œil. On ne pouvait pas dire qu'Adèle fût devenue amoureuse d'Edouard de Bellovai, elle était encore loin de sentir la tyrannie de ce sentiment qui fait tant de ravages dans les cœurs atteints déjà du venin des passions; mais elle annonçait toutes les dispositions à l'aimer : l'amour attaquait ou plutôt minait sourdement son ame. Il n'y causait pas ces ravages incendiaires qui le changent en tourment; semblable à un jour doux qui pénètre dans des yeux délicats, il s'introduisait avec ces charmes inexprimables et ces douceurs qui ne sont connues et goûtées qu'à une seule époque de la vie, et la première fois qu'on aime. Aussi, loin que son cœur naïf s'allarme de cette découverte, elle s'y laisse insensiblement entraîner, sans se douter que bientôt peut-être cette tendre agitation deviendra la source de ses chagrins.

Cependant de grands mouvemens allaient avoir lieu sur l'habitation de Vavincourt; cet habitant allait être bientôt privé de ceux qui, après sa famille, faisaient les délices de sa société. Jules, ce jeune émissaire de Monbars auprès d'Harabatou venait d'arriver de la Jamaïque, et d'apporter enfin les réponses après lesquelles soupirait depuis long-temps le chef des Flibustiers. Elles étaient telles qu'il les désirait; seulement le roi des nègres-marrons le priait de différer encore son départ de quinze jours, et de renforcer son armée d'autant de monde qu'il le pourrait, afin de donner plus d'ensemble et de vigueur à ses opéra ions. Que l'on juge de la joie de Monbars à cette annonce devenue pour lui le présage heureux de ses succès. Il se hâte de donner des ordres à William Scott et à Jules pour qu'ils aillent réunir un grand nombre de Flibustiers, et il reste seul auprès de l'habitant. Son caractère reprend toute son hilarité; jamais il ne s'est montré sous des dehors plus agréables. Tel est l'effet de l'espérance sur l'homme, qu'elle semble donner une nouvelle énergie à toutes ses facultés, et développer chez lui de nouveaux moyens d'être aimable. Ses conversations avec Vavincourt prennent un nouveau degré d'intérêt: Adèle s'y joint quelquefois, et mêle ses observations à celles du bon oncle, quand elle sent que le sujet n'est pas au-dessus de sa portée.

Un jour que l'on rappelait devant Monbars l'affaire du galion, et le massacre des Espagnols, Adèle, en déplorant le sort de ces infortunés, ne put s'empêcher de manifester la profonde horreur que lui inspiraient les Flibustiers. — Il paraît, mademoiselle, reprit leur chef avec gravité, que si vous eussiez été à la place de votre frère, et qu'au lieu de trouver ces Espagnols sur le rivage, vous eussiez rencontré ces mêmes Flibustiers que la tempête pouvait y conduire, non-seulement ils étaient abandonnés à leur sort, mais peut-être même livrés à la rigueur des lois françaises ? — A cette apostrophe qu'avait suggéré un sentiment qu'Adèle ne pouvait comprendre, elle s'empressa de lui dire avec noblesse : J'ignore, monsieur, ce ce qui a pu vous faire soupçonner que j'étais méchante et cruelle : les Flibustiers sont à mes yeux un des fléaux dont il plaît à Dieu d'affliger l'humanité ; mais le ciel m'est témoin qu'à la place de Victor je leur eusse prodigué mes secours et mes soins comme il l'a fait envers les Espagnols. Il est des cas où l'on oublie les torts des individus pour ne plus voir en eux que des êtres malheureux. — Mademoiselle, reprit Monbars, vous ne leur accordez-là que de la pitié, et ils méritent un autre intérêt. — Vavincourt jouissait en silence de la petite discussion qui venait de s'engager entre sa nièce et Fridérics, il voulut savoir comment elle s'en tirerait, garder la neutralité dans les débats, pour se réserver la faculté de prononcer ensuite, si on le choisissait pour juge ; il laissa donc l'adversaire d'Adèle continuer en ces termes : Ces hommes que vous jugez avec tant de sévérité, ont été contraints par l'injustice du gouvernement à abandonner les terres qu'ils avaient défrichées et fertilisées de leurs sueurs ; on les a forcés à reprendre l'ancienne vie qu'ils avaient abandonnée, et l'on a rendu légitimes les représailles dont ils usent envers leurs ennemis. — Monsieur, dit la nièce de l'habitant, je suis trop ignorante des griefs que les Flibustiers peuvent reprocher au gouvernement, pour juger s'ils sont fondés ou non ; mais en supposant qu'ils le soient, je vois pour une injustice momentanée dont ils ont été les victimes, une vengeance éternelle, et qui frappe sur des hommes innocens et bien étrangers sans doute au délit dont les Flibustiers ont à se plaindre. Que leur ont fait ces malheureux matelots espagnols immolés à leurs fureurs ? quel mal leur ont causé ces officiers de la marine royale et marchande, qu'ils massacrent sans pitié, quand ils peuvent les atteindre? et parce qu'un homme aura été arrêté sur une grande route, faute de vigilance de la part du gouvernement, cela lui donne-t-il le droit et à sa race, de devenir à perpétuité voleurs de grands chemins? Ce dilemme était fort, et tout aguerri qu'était Monbars à défendre et justifier la cause qu'il avait embrassée, il était loin de s'attendre de la part d'une jeune fille simple et modeste, à une attaque aussi vigoureuse : un moment il en fut interdit : Ma belle demoiselle, lui dit-il avec un souris un peu forcé, c'est un malheur, j'en conviens, de frapper les membres quand c'est le cœur qu'il faudrait punir; mais les rois ont souvent besoin de ces leçons terribles, quand, abusant de leurs pouvoirs et comptant sur l'impunité, ils violent le pacte sacré qui les unit aux peuples.

Il faut dans ce cas qu'une énergique résistance de la part des sujets leur rappelle et leurs devoirs et leurs sermens. — Monsieur, répondit l'aimable nièce qu'on vint demander en cet instant, ces matières sont un peu au-dessus de mon intelligence, je vous laisse continuer la discussion avec mon oncle; mais il me paraît que la leçon donnée aux rois ne leur a guère été profitable, puisqu'elle n'a encore rien opéré depuis cent vingt ans; et je persisterai toujours à considérer les Flibustiers comme des méchans hommes, parce que je suis convaincue qu'aucun individu en société n'a le droit de se faire justice soi-même. En achevant ces paroles, elle se rendit où elle était attendue, laissant Monbars avec Vavincourt. — Parbleu! monsieur Fridérics, s'écria l'oncle qui était dans l'enchantement, comment trouvez-vous la logique de cette enfant? —

— A son âge on juge de tout avec le cœur, répondit Monbars, et la raison n'en confirme pas toujours les arrêts. — Ma foi, je suis assez de l'avis d'Adèle ; les Flibustiers m'intéressent, mais en descendant dans ma conscience je ne puis les approuver. — Quel est donc leur crime ? reprit Monbars avec chaleur, sinon celui de n'avoir pu jusqu'à ce jour légitimer à force ouverte leur projet d'indépendance : ils sont des rebelles jusqu'à ce qu'ils puissent compter des sujets à leur tour. Les plus grandes puissances de la terre n'ont-elles pas été fondées par des brigands ? Qui sait si l'instant n'est pas arrivé où ces hommes, jugés si sévèrement, ne deviendront pas à leur tour l'arbitre des destinées du commerce européen dans les Indes occidentales ? qui peut calculer où.... Il allait se laisser entraîner peut-être à son caractère bouillant et impétueux, quand on vint annoncer l'arrivée du père *Saint-Vincent*, supérieur des moines de la Charité. Quel fut l'étonnement de Vavincourt à cette visite inattendue ! quel en pouvait être l'objet ? Ce n'était pas un homme à se déplacer sans raison, à faire un simple voyage d'agrément dans les montagnes ; l'habitation de Vavincourt n'était pas un lieu de passage, il y venait donc exprès et à dessein ; telles furent les premières idées qui vinrent frapper l'habitant tout en allant au-devant du supérieur.

Le père Saint-Vincent était venu en effet pour découvrir un mystère important sur cette habitation. Le secret d'Antonin lui était enfin dévoilé. Cet infortuné frère, depuis le départ de Monbars, était tombé dans un état de langueur, à la suite duquel était survenue une fièvre grave et délirante. C'était dans un de ses accès, que le supérieur avait surpris Antonin à genoux sur son lit, tenant entre ses mains le cahier chéri d'Adèle dont il ne pouvait plus se séparer; il se livrait à toutes les illusions de sa passion; il lui prodiguait les noms les plus tendres et protestait vouloir consacrer le reste de son existence à faire le bonheur de son épouse. Dans un autre accès, il se voyait séparé d'Adèle par des obstacles insurmontables; il pleurait, gémissait, invoquait l'Eternel. Quel est donc cet état indépendant de la volonté de l'homme, qui, sous la forme d'un songe ou du délire, lui arrache jusqu'à l'expression de ses plus secrettes pensées? la Divinité a-t-elle voulu donner à ses créatures la preuve irrésistible de l'existence de l'ame, puisque dans ce cas cette ame manifeste seule sa puissance, et sans le concours de la matière, qui souvent est plongée dans une sorte de stupeur et d'engourdissement. En soumettant les humains à ces lois surnaturelles, l'Auteur de toutes choses a-t-il voulu ravir au méchant la faculté de concentrer à jamais dans les replis de son cœur l'unique preuve d'un forfait commis dans le silence? Pauvre Antonin! en subissant cette règle universelle, il publie une faute involontaire qui le pénètre souvent d'horreur, mais il en révèle aussi son repentir! Quelle découverte pour le père Saint-Vincent! la cause des tourmens d'Antonin lui est donc connue! rien ne peut égaler sa surprise et son affliction. Mais ce qui l'inquiète surtout, c'est de savoir s'il y a eu séduction; si Adèle partage son criminel amour, et comment Antonin est parvenu à se procurer ce livret écrit de sa main, et qui semble être un gage de sa tendresse. Il s'accuse en quelque sorte d'être l'auteur de ses peines, pour l'avoir envoyé chez Vavincourt; sans

sans ce fatal voyage Antonin jouirait encore de l'innocence et de la paix de l'ame. Il gémit, il soupire sur la destinéé des hommes ; mais bientôt sa tendre charité, après avoir sondé toute la profondeur de la plaie du cœur d'Antonin, s'occupe de sauver au moins la réputation de l'homme qu'il estime, des atteintes de la malignité : il écarte soigneusement de lui les autres religieux, il lui prodigue ses soins les plus tendres, et cherche dans sa sollicitude par quels moyens il pourra éteindre cette passion qui ne peut que faire le tourment de sa vie.

Il était donc venu chez Vavincourt pour s'assurer de l'état des choses, le prévenir des dangers d'Adèle, s'il était nécessaire, et concerter un plan propre à ramener le calme dans le cœur d'Antonin.

Vavincourt, qui n'avait jamais été à même de bien connaître et d'apprécier le caractère du supérieur, et qui conservait toujours des préjugés contre l'ambition des moines, se tint sur la réserve avec le père Saint-Vincent. Il lui demanda des nouvelles d'Antonin, mais avec ménagement, et sans se livrer à toute l'effusion de son amitié, dans la crainte de lui attirer de nouvelles persécutions. Victor et Adèle, d'après les ordres de leur oncle, tinrent également la même conduite; de sorte que le supérieur, malgré sa pénétration, ne sut trop que penser des affections de cette famille pour l'ami qui leur était si dévoué. Il ne perdit cependant pas courage, il annonça la résolution de passer quelques jours à l'habitation, pour s'y reposer de la pénible surveillance à laquelle l'assujétissait sa communauté, espérant obtenir du temps et des circonstances les renseignemens qu'il desirait.

L'arrivée de ce nouveau personnage sur l'habitation ne laissa pas que de jeter du sérieux dans la société de Vavincourt. Le père Saint-Vincent était un homme d'une physionomie très-austère; mais ce masque de sévérité couvrait une ame indulgente, et un cœur sensible. Il aimait Antonin comme un père tendre aime son enfant: il avait su le distinguer de la foule des autres religieux de sa maison, dont quelques-uns avaient été envoyés dans les colonies par suite d'inconduite ou par mesure de discipline ecclésiastique. Il avait résolu de tirer Antonin de l'abîme où il était plongé, d'employer tous ses moyens pour le rendre à la raison.

La société de Vavincourt se partagea donc: Adèle, Victor, Francisque, Frédérics et les habitués de la maison firent un petit cercle à part qu'animaient la gaieté, le mouvement naturel à la jeunesse, et le goût des plaisirs actifs et bruyans, tandis que Vavincourt, M. de Kervarec et le supérieur formaient la bande grave et philosophique. Ils n'avaient plus l'air de participer aux amusemens des autres que comme des surveillans froids et impassibles, tant l'influence d'un seul homme occasionne de changement dans les habitudes d'une société.

Dans une des parties de plaisir que faisait la bande joyeuse sur le rivage de la grande rivière, un événement imprévu vint ajouter au sentiment qu'Adèle éprouvait en faveur de Monbars. L'on était en promenade à une petite lieue de l'habitation, au pied de la montagne, lorqu'un jeune bœuf-marron, poursuivi par des nègres chasseurs, vint à débusquer des bois dans le grand chemin, et sembla se diriger sur Adèle, irrité sans doute par l'éclat des couleurs d'un riche mouchoir de Mazulipatan dont ses épaules étaient recouvertes. En vain chercha-t-elle, par une fuite précipitée, à échapper à la fureur de l'animal ; elle allait en être atteinte, et les cris d'effroi de toute la société annonçaient la plus horrible catastrophe, quand Monbars se jetant intrépidement sur l'animal, eut le courage de le saisir par la queue, et le faisant dévier de la ligne qu'il suivait, donna le temps à Adèle de chercher un refuge derrière un énorme *monbain* (1) qui se trouvait planté sur le bord de la route. L'on vola au secours d'Adèle; les chiens et les chasseurs firent tomber le bœuf sous leurs coups, et délivrèrent Monbars à son tour des dangers que son action lui avait fait courir.

---

(1) Il y a de ces arbres à Saint-Domingue dont le tronc peut avoir de vingt-cinq à trente pieds de circonférence.

Quand Adèle fut revenue de sa première frayeur, et qu'elle eût appris le dévouement de Fridérics, elle ne put résister au besoin de lui exprimer sa reconnaissance; elle le fit avec cette grace et cette candeur qui lui étaient naturelles; et toute la société transportée d'admiration, joignit ses éloges aux remerciemens qu'Adèle exprimait avec tant de sincérité. Monbars éprouva pour la première fois peut-être, le plaisir que l'on goûte à exposer ses jours pour servir les vertus et la beauté, car Vavincourt et sa famille lui avaient inspiré un vif intérêt. Tel est l'empire de la douceur et de la bonté, que même l'homme le plus corrompu ne peut habiter long-temps avec des cœurs innocens et sensibles, sans être disposé à devenir meilleur. La vie patriarchale de Vavincourt, le caractère heureux de Victor et d'Adèle, les mœurs douces de tous ceux qui les fréquentaient, enfin l'atmosphère de bonheur qui semblait environner cette habitation délicieuse, avaient fait une profonde impression sur l'ame de Monbars. Le chef des Flibustiers était loin d'être méchant, il n'était qu'égaré : les malheurs de sa famille, ses chagrins particuliers, ses passions ardentes, et la destinée, tout avait concouru à le jeter dans une route fausse et dangereuse qu'il suivait pourtant avec ardeur, croyant rencontrer à son terme le temple du bonheur et de l'immortalité. Ah ! pourquoi ne suis-je pas né, s'écriait-il, au sein d'une patrie tranquille et d'une famille heureuse ! j'étais fait pour goûter les douceurs d'une innocente vie ; mais les destins jaloux n'ont cessé de me persécuter, et semblent exiger que je cimente ma félicité du sang des hommes ! Vous serez obéies, divinités barbares, reprenait-il avec fureur, et c'est sur des monceaux de cadavres anglais que je fonderai l'édifice inébranlable de mon repos et de ma puissance !...

Quand Vavincourt eut appris le service signalé que Fridérics venait de rendre à Adèle, il fondit en larmes en la serrant dans ses bras : Chère enfant, s'écriait-il, quels dangers tu as courus ! M. Fridérics est riche ; comment reconnaîtrons-nous son dévouement généreux ? Il est donc des circonstances dans la vie où la reconnaissance est enchaînée, où le sentiment d'un bienfait reçu reste muet et stérile, où le cœur le plus sensible ne trouve plus d'expressions pour rendre les douces sensations qu'il éprouve. — Mon oncle, reprenait Adèle, si je ne me trompe pas sur le caractère de M. Fridérics, je le crois du nombre de ceux dont le cœur délicat sait trouver sa récompense dans le bienfait même.

Le père Saint-Vincent ayant trouvé l'occasion d'entretenir Adèle seule dans le jardin, fit tomber la conversation sur Antonin. Elle lui raconta qu'elle avait éprouvé de vives inquiétudes sur sa santé, parce qu'Antonin avait ressenti déjà sur l'habitation des atteintes du malaise qui semblait présager sa rechute; et elle entra, avec sa naïveté ordinaire, dans tous les détails de la syncope où il était tombé quelques jours avant son départ. Le père Saint-Vincent écoutait avidement ce récit, il se réjouissait de ce qu'Antonin fût resté pur au sein même de sa faiblesse; mais quand Adèle, en tirant de sa poche le petit chapelet d'agathe qu'elle en avait reçu, lui eut dit avec l'accent d'une piété sincère, qu'elle n'avait laissé passer aucun jour depuis le départ d'Antonin sans prier Dieu pour lui, la figure du supérieur reprit aussitôt ce caractère de gravité qui lui était naturel, et l'inquiétude se manifesta de nouveau dans tous ses traits. Eh! quoi, chère fille, Antonin aurait-il oublié ce chapelet dans cette maison? dit le père Saint-Vincent. — Oh! non, mon père, c'est un gage d'amitié qu'il m'a laissé avant de partir, et pour lequel je lui ai fait don en échange d'un petit recueil de maximes qu'il m'a paru desirer. — Et votre oncle, ma chère enfant, a-t-il eu connaissance de ces dons réciproques? — Mon père, dit Adèle un peu confuse des doutes du supérieur, comme je ne me mets jamais dans le cas de rien faire qui doive être ignoré de mon oncle, je n'ai point de secrets pour lui. — Mon enfant, reprit le père d'un air suppliant, si je vous priais au nom de l'intérêt que vous prenez à Antonin, de me remettre ce chapelet dont il n'aurait jamais dû se défaire, croiriez-vous faire du mal ? A cette demande inattendue, Adèle rougit, baissa la vue, et l'invita à permettre qu'elle consultât son oncle avant de lui répondre : le supérieur approuva cette démarche, et ils rentrèrent à la grande case.

L'intention du père Saint-Vincent était d'éveiller la curiosité de Vavincourt sur le but de cette demande, afin de lui faire part de ses projets pour la guérison du cœur d'Antonin, car il sentait bien qu'il ne réussirait dans une cure aussi difficile, qu'avec le concours de cette famille intéressante. Les choses étaient en cet état, quand Fridérics vint faire ses adieux à l'habitant, et lui annoncer que son départ était fixé à trois jours. Cette nouvelle causa une révolution pénible dans la maison de Vavincourt qui déjà s'était habituée à sa société. Adèle tomba dans une sorte de mélancolie, et ce fut la première fois qu'involontairement sans doute elle se rendit compte de ce qu'elle éprouvait pour cet étranger. Quel fut son étonnement, quand elle crut y reconnaître ce sentiment nouveau pour elle, mais universellement répandu sur la terre sous le doux nom d'amour. Elle ne peut croire à la réalité de sa découverte ; des combats s'élèvent entre sa pudeur et son inclination ; elle se demande pourquoi elle aurait cette préférence pour un étranger que l'on croit d'un rang supérieur, et qui est peut-être engagé sous les lois de l'hymen ; pour un homme qui ne lui a jamais témoigné ces tendres empressemens qui caractérisent l'envie de plaire ou d'être aimé. Cependant elle voit avec chagrin son départ : mais Fridérics l'a sauvée d'un grand danger, et c'est encore celui dont la société a tant de charmes pour son oncle. Ce n'est donc que la reconnaissance qui parle fortement à son cœur, et peut-être qu'elle s'est méprise sur la nature des affections qu'il lui inspire. Pendant qu'elle cherche à analyser ce qu'elle ressent pour Monbars, ce qu'elle espère se dissimuler à elle-même, Vavincourt fait des efforts inutiles pour le retenir quelques jours de plus sur son habitation. Mais l'impatient Fridérics brûle de mettre en mer, et de tenter la conquête de la Jamaïque. Quelle considération pourrait encore le retenir à terre. Il annonce qu'il va s'embarquer pour Curaçao, colonie danoise, et que son bâtiment l'attend dans le port de Jacmel, où il se rendra à cheval suivi d'un seul domestique.

Monbars, riche et généreux, voulut, avant de quitter l'habitation, laisser une marque de sa reconnaissance au digne habitant qui l'avait accueilli avec tant d'urbanité. Il savait bien que Vavincourt était insensible à de riches dons : mais possesseur d'une paire de girandoles en diamans d'une grande rareté et du plus grand prix, il résolut de les faire agréer à Adèle. Ce présent extraordinaire et magnifique acheva de confirmer la société de Vavincourt sur la qualité éminente du personnage qui pouvait faire de pareils cadeaux, et Adèle eût intérieurement préféré que Fridérics fût d'une condition plus simple. Il sut s'y prendre avec tant de délicatesse, que son présent fut accepté.

Après avoir promis de venir visiter Vavincourt chaque fois qu'il aborderait dans l'île, il partit, laissant tous ceux qui l'avaient connu plongés dans l'étonnement, l'admiration et les regrets.

CHAPITRE XVIII.

DÉPART de Kervarec et de Francisque. Eloge de la marine. Harangue de Monbars à ses Flibustiers.

TANDIS que Monbars vole rejoindre ses compagnons d'armes, et les préparer à la plus périlleuse comme à la plus importante expédition que les Flibustiers aient encore tentée, M. de Kervarec et Francisque viennent de recevoir l'ordre du gouvernement espagnol de se rendre à Santo-Domingo, pour y reprendre une activité qu'aucun motif ne peut suspendre, puisque les différens qui existaient entre l'Espagne et la France viennent d'être applanis. Déjà le capitaine est allé annoncer cette nouvelle qui va ajouter aux chagrins qu'éprouve Vavincourt par le départ de Fridérics. L'habitant reste consterné, ses yeux se remplissent involontairement de larmes, il ne peut se faire à l'idée de cette séparation, et ne se sentant pas la faculté d'exprimer ses regrets à M. de Kervarec, il s'enfonce dans les bois et cherche la solitude. Le calme des forêts rend un peu d'élasticité à son imagination flétrie, et la nouvelle perte qu'il va faire d'un ami dont il ne peut plus se passer vient se retracer avec plus d'énergie à son cœur éperdu. Les symptômes de son incrédulité se renouvellent avec plus de force que jamais, et dans sa douleur profonde, il s'écrie : Ainsi toutes nos affections tournent contre nous-mêmes, et plus on est sensible, plus on est malheureux. J'étais seul, isolé sur cette terre étrangère, prêt à succomber à l'horreur de ma solitude ; le ciel m'envoie dans Antonin un ami sensible et désintéressé,

désintéressé ; et au moment où il s'occupe de mettre fin à mes peines, il ne peut jouir du bien dont il est l'auteur ; sa vie est empoisonnée par un noir chagrin qui nous est inconnu ; son corps succombe sous le poids de ses afflictions, et le ciel semble le punir de m'avoir rendu au bonheur. Nous recevons un cœur en naissant, et nous ne pouvons écouter sa voix sans être la proie d'une foule de maux. Les égoïstes, les indifférens, les hommes froids ou durs sont les seuls heureux sur la terre ; tout passe, tout s'éteint, tout meurt autour d'eux, sans qu'ils éprouvent de regrets, sans que leurs plaisirs, leurs habitudes ou leur appétit subissent la moindre altération ; et ceux qui ne peuvent vivre sans aimer, sans s'attacher, traînent leur vie dans des angoisses continuelles ! Excellent Kervarec, s'écrie-t-il ! homme franc et généreux ! l'immensité des mers va peut-être me séparer de toi pour toujours ! où trouverai-je un ami qui te remplace ! de l'instruction et du mérite sans morgue ; une profonde connaissance du cœur humain, et l'innocence d'un enfant : pas un vice, pas un défaut ! de la gaieté, une douceur d'ange malgré la rudesse du métier, et une égalité d'ame si rare au siècle où nous vivons, le cachet indélébile de tes perfections morales.

Ce qui affligeait plus profondément encore Vavincourt dans le départ de son ami, c'est qu'il nourrissait depuis long-temps un projet bien cher à son cœur, mais dont le secret n'était connu que de lui seul. Enchanté des qualités heureuses du capitaine, il avait conçu à son sujet l'idée d'un mariage sortable pour Adèle, et il se plaisait à voir en lui un gendre chéri. M. de Kervarec n'était pas riche, et l'habitant jouissait intérieurement du plaisir de pouvoir faire sa fortune. Il avait espéré que la guerre entre la France et l'Espagne serait de plus longue durée ; qu'elle donnerait à Henri le temps d'arriver, et de concerter cette union avec lui. En attendant, il ne négligeait aucune des occasions d'inspirer à Adèle autant d'amitié que d'estime pour les rares qualités de M. de Kervarec : il y avait bien une certaine différence dans l'époque de leur naissance ; mais le bonheur de posséder un homme tel que le capitaine, faisait disparaître à ses yeux toutes les légères inconvenances que ce mariage pouvait offrir.

A l'âge de Vavincourt, la moindre contrariété est un chagrin cuisant. La vieillesse, sous ce rapport, ressemble encore à l'enfance ; elle ne peut supporter de contradictions. Aussi chercha-t-il dans son imagination tous les moyens de s'opposer à son départ ; il l'attaqua pour ainsi dire corps à corps, et il s'engagea entr'eux le dialogue suivant : — Quel état est le vôtre, mon cher capitaine ; et combien il est dur pour un être raisonnable de battre sans cesse les mers, d'affronter un élément perfide, pour porter, tantôt sur une côte, tantôt sur une autre, la dévastation et la mort ; exécuter souvent, dans le même jour, les ordres les plus contradictoires ; devenir le tyran d'une nation dont on a été le protecteur ; consumer sa vie loin du doux tableau de la nature, des charmes de la végétation, du repos de la campagne, et n'avoir sous les yeux que le spectacle d'une mer presque toujours irritée, de vents qui semblent déchaînés contre vous seuls, et dont les horribles sifflemens portent dans l'ame la tristesse et l'effroi ! — Sucrebleu, mon cher hôte, dit M. de Kervarec en riant de tout son cœur, quel dommage que vous ne soyez pas peintre de marine, vous rendriez parfaitement les tempêtes! quelles idées avez-vous donc sur le premier, le plus beau et le plus noble de tous les états. La marine, s'écria-t-il avec enthousiasme, c'est le lien des peuples, le canal des connaissances humaines et de la civilisation: par elle, la grande famille se connaît, s'instruit et s'éclaire; les habitans de la terre ne sont plus étrangers les uns aux autres; les affections s'étendent avec les besoins; les échanges et les productions d'un climat servant à satisfaire les goûts ou à guérir les maladies d'un autre, prouvent à tous les hommes qu'ils doivent se soumettre aux lois réciproques d'une bienveillance universelle. La marine comprend toutes les sciences, et n'est étrangère à aucun art. La vie de l'homme suffit à peine pour former un officier de cette arme. Malheur aux gouvernemens environnés de côtes, et qui ne sont pas pénétrés de l'importance de la marine. L'agriculture et le commerce, voilà la base de la prospérité des empires, et l'on ne peut séparer ces deux mobiles de la félicité des peuples, sans les réduire bientôt à la misère et à l'esclavage. Le système de la féodalité s'accommode mieux sans doute de l'agriculture sans commerce, parce qu'il dispose souverainement d'un excédent de population, qui, sans propriété, sans industrie, se met à la solde du premier individu qui peut le nourrir; mais le commerce est le garant de la liberté des nations, il donne aux familles indigentes des moyens de fortune, il ouvre les portes de l'industrie aux individus bien organisés; et sans marine, il ne peut exister de commerce. Le commerce appelle les riches et les pauvres au partage de ses faveurs, et donne le sceptre du monde à celui qui fait le plus de sacrifices sur ses autels. — Vavincourt ne s'était pas attendu à tant de chaleur, il reprit sur un ton plus doux : Mais quand on a payé sa dette à son pays, il me semble que l'on doit desirer le repos. Par exemple, vous, mon cher capitaine, ne sentez-vous pas le besoin de quitter bientôt la carrière des hasards, pour vous former un établissement où vous puissiez trouver la tranquillité sur vos vieux jours ? l'idée du mariage ne s'est-elle jamais présentée à vous comme l'image d'un port assuré contre les orages des passions et les tourmentes de la vie ? — Cette demande qui eût éveillé l'attention de tout autre que de Kervarec, glissa sur cette ame ingénue ; il acheva de déconcerter Vavincourt par la réponse suivante : Le mariage, mon cher hôte, est un ragoût qui ne convient pas à tous les estomacs ; il faut des organes vigoureux pour le digérer et s'en nourrir ; je crois que ce ne doit jamais être l'aliment d'un marin. Le célibat me semble en général l'état le plus naturel aux gens de guerre ; trop de chances les accompagnent, et ils se préparent des regrets cuisans quand ils ne savent pas résister aux amorces de cette union. — Bien, mon cher capitaine, quand un homme de guerre, après s'être marié, continue son état : mais qui l'empêche d'abandonner le métier des armes et de goûter sur ses terres les douceurs d'un honorable repos ? — Mais, mon cher hôte, tout le monde n'a pas des terres, et... — Mais un bon mariage, capitaine, pourrait vous en procurer. — Moi, mon cher hôte, que je reçoive ma fortune d'une femme, oh ! non, jamais, j'ai sur cet article des principes invariables. Quand un homme ne peut pas apporter dans une telle communauté une somme au moins égale à celle qu'on lui présente, c'est un fou qui se prépare pour la vie des humiliations et des chagrins. — Préjugés que tout

tout cela, mon cher capitaine. — Cela est possible, mais je suis résolu, mon cher hôte, à ne pas m'en défaire.

Cette réponse assez décisive enleva toute espérance à Vavincourt d'amener M. de Kervarec au but qu'il se proposait; il lui parla alors de son prochain départ, il éprouva un grand soulagement quand il apprit du capitaine qu'il était mandé à Santo-Domingo pour reprendre la station des côtes occidentales de Saint-Domingue, protéger le commerce espagnol dans cette partie; qu'ainsi il naviguerait presque tous les jours en vue de son habitation, et qu'il profiterait des circonstances les plus favorables, pour venir quelquefois mouiller dans son voisinage, et faire de petites échappées sur l'habitation. Ces détails adoucirent un peu les chagrins de Vavincourt; mais furent loin de le consoler de ses pertes.

Francisque sentit tout ce qu'il en

coûte à se séparer de ce qu'on aime ; mais il ne quitta la famille Laboulai qu'avec la certitude d'y être accueilli comme un gendre, aussitôt qu'il aurait acquis le grade de lieutenant. Florette avait avoué son inclination à ses parens, et M. Laboulai étant assez riche pour faire le bonheur de ces enfans, avait approuvé les démarches et les assiduités du jeune enseigne.

Après les adieux les plus tendres, M. de Kervarec et Francisque prirent la route de Santo-Domingo, laissant Vavincourt et sa famille dans la tristesse la plus profonde, par un départ qu'on avait été loin de soupçonner devoir être aussi prompt.

Vavincourt resta seul avec le père Saint-Vincent, il apprit bientôt les tristes effets de la funeste passion d'Antonin. Quel fut son étonnement au discours du supérieur ! il frémit des dangers auxquels il avait exposé Adèle :

Voilà donc ce que c'est que la sagesse humaine, répétait-il sans cesse ; en vain elle est accompagnée du savoir et de la prudence, elle vient échouer contre le moindre écueil, et confirmer dans la créature le sentiment de sa faiblesse. Après cet exemple qui pourra se dire fort ? qui pourra répondre de soi ? qui osera dire : je ne crains pas l'empire des passions ? Ainsi nous sommes tous vertueux tant que les circonstances nous sont favorables ; mais à la moindre vicissitude, quel spectacle de misères n'offrons-nous pas au monde !

Cependant il aimait toujours Antonin malgré sa faiblesse. Son amour n'est un crime, disait-il, qu'à cause de ses sermens ; sans sa vocation, où Adèle aurait-elle rencontré plus de qualités et de vertus. Il adopta tout ce que le supérieur crut devoir entreprendre pour arracher du cœur de son ami, le trait qui l'avait déchiré. Adèle remit le chapelet d'agathe au père Saint-Vincent, et ce dernier se mit en devoir de rejoindre sa communauté.

M. de Kervarec pendant la route s'était apperçu d'une impression de mélancolie répandue sur les traits de Francisque. Il en fit à son élève des reproches en ces termes: Eh bien! monsieur le drôle, les délices de Capoue ont énervé votre courage? plus d'Estella, plus de courses à cheval, de parties de chasse, de pêche, plus de danses, de collations fines au jardin d'Adèle; il faut reprendre le collier de fatigue, et cette idée vous chagrine à ce qu'il me semble? — Moi, mon capitaine, je brûle au contraire d'en venir aux mains avec les Anglais, car c'est sur eux que je compte pour hâter l'époque de mon mariage. Que l'on juge de la surprise de M. de Kervarec à cette réponse. — Comment, monsieur le drôle, vous pensez à vous marier sans état et sans fortune ? — Serai-je sans état, monsieur, avec le grade de lieutenant des vaisseaux de sa majesté, et sans fortune avec un traitement annuel de huit cents piastres? M. de Kervarec murmurait entre ses dents : La marine est perdue, disait-il, tant qu'on laissera aux militaires la faculté de se marier. On impose aux prêtres la loi du célibat, on devrait bien plutôt l'appliquer aux officiers de terre et de mer de chaque puissance; ces derniers exercent un sacerdoce qui n'exige aucune distraction, aucun alentour, aucune arrière-pensée. Francisque l'écoutait et soutenait l'opinion contraire avec chaleur. Capitaine, une femme est un véhicule de plus, et je me sens capable de me battre contre toute une flotte ennemie pour l'amour de la belle Florette. M. de Kervarec aurait bien voulu voir son enseigne dans des dispositions moins conjugales, mais Francisque tenait à ses opinions pour le moins autant que le capitaine tenait aux siennes; de sorte que ce conflit donnait souvent lieu, entr'eux, à des scènes extrêmement originales.

A son arrivée il prit le commandement d'un brick de guerre monté de vingt canons, et nommé *la Loretta*. On mit sous ses ordres trois avisos armés pour faire le service de la côte, et il établit sur-le-champ sa croisière vers la partie de l'île qui lui avait été indiquée.

Monbars de son côté avait rejoint ses Flibustiers; il avait quinze de ses vaisseaux armés et équipés de toute pièce. A son arrivée, des salves d'artillerie exprimèrent la joie qu'éprouvèrent ses compagnons d'armes à revoir leur chef dont ils avaient été séparés depuis long-temps. Il fit cingler en pleine mer, et profitant d'un calme favorable, après avoir réuni tous les Flibustiers sur son vaisseau amiral, il leur fit part du grand dessein qu'ils allaient accomplir, et termina sa harangue en ces termes : « Les succès » justifient tout : voilà la morale des » hommes. Vainqueurs, nous serons » les fondateurs d'un nouvel empire ; » notre indépendance et d'immenses » richesses seront le prix de notre réus- » site ; vaincus, les supplices réservés » aux plus infâmes brigands seraient » notre partage, si des Flibustiers » étaient assez lâches pour tomber » vivans au pouvoir de leurs ennemis. » La victoire ou la mort, voilà notre » alternative : elle n'a rien que de beau » pour nos ames aguerries. Amis, je » dirigerai vos coups, vous me trouve- » rez toujours au poste du danger ; se-

» condez votre chef, et la Jamaïque » sera notre conquête. »

Des cris d'allégresse et des chants de victoire furent la réponse des Flibustiers au discours de Monbars, et les vaisseaux firent voile vers la Jamaïque.

CHAPITRE XIX.

DESCENTE de Monbars dans l'île de la Jamaïque. Combat. Fuite d'Antonin. Nouvelles de Henri. Démarche d'Adèle et de Victor.

HARABATOU avait allumé ses feux sur la montagne, et Monbars, à la faveur de la nuit, avait effectué sa descente sur une partie de la côte qui ne pouvait offrir qu'une faible résistance. Cependant l'alarme avait sonné dans l'île, la consternation s'était emparée des habitans, à la nouvelle de la réunion des Flibustiers aux nègres-marrons. On n'avait jamais vu à la fois un aussi grand nombre de ces premiers, et comme on avait toujours ignoré ce qu'ils pouvaient mettre de monde en campagne, on craignit encore que ce premier débarquement ne fût que l'avant-garde de leur armée. Les riches enfouirent leurs trésors; les femmes, les vieillards, les enfans vinrent se réfugier dans les villes, et tout ce qui fut en état de porter les armes eut ordre de se réunir sous les drapeaux de l'armée anglaise. Quelle différence entre les deux partis; d'un côté dix mille nègres insurgés, nus pour la plupart, mais bien armés, ayant à leur tête Monbars et sa troupe, qui commande et dirige leurs mouvemens; et de l'autre, plus de trente mille combattans de toutes armes, revêtus de brillans uniformes, montés en partie sur de superbes coursiers, et soutenus par une nombreuse artillerie. Qui ne croirait le sort des Flibustiers compromis par une réunion de moyens en apparence si décisifs, et une disproportion si grande dans le nombre de combattans ? Cependant c'est tout ce que cette armée si considérable peut faire que de garder ses forts et d'empêcher Monbars de s'en emparer. Le chef des Flibustiers, ne pouvant accomplir son premier dessein, pénètre avec son monde dans les gorges des montagnes bleues ; bientôt il en atteint la cîme, il y reconnaît toutes les ressources de ces positions inexpugnables. Il divise l'armée d'Harabatou en autant de petits corps qu'il peut mettre à leur tête de Flibustiers capables de les commander ; il les exerce à des manœuvres nouvelles et inconnues à leurs ennemis ; il envoie l'ordre à ses vaisseaux de croiser devant le port de Kingston, de couler bas ou de s'emparer de tous les bâtimens qui tenteront d'apporter des secours aux Anglais, et convient de signaux propres à se ménager une retraite dans le cas où les chances de la guerre ne lui seraient pas favorables.

Cette guerre, la plus terrible que les Anglais aient jamais soutenue dans les Antilles, annonce devoir être désormais aussi longue que dangereuse. En vain les ennemis de Monbars veulent faire quelques tentatives pour s'introduire dans les défilés des montagnes bleues, et forcer les nègres à en débusquer; ils y trouvent une mort terrible sans avoir combattu, sans y avoir pu même envisager leurs ennemis. Mais quand les Anglais, qui espéraient du secours des îles voisines et de l'Europe, se voient étroitement bloqués par les vaisseaux des Flibustiers, ils se livrent à la crainte et bientôt au désespoir. On accuse le gouverneur d'impéritie; on lui reproche de n'avoir su prévoir ni ce débarquement ni cette réunion, et des germes de mécontentement se manifestent sur tous les points.

Monbars, certain de ses moyens,

connaissant parfaitement le terrein qui sert d'asyle à son armée, se décide à son tour à attaquer les Anglais. En conséquence, il descend pendant la nuit de ses montagnes, et s'avance à une lieue dans la plaine, afin de se trouver à la portée de l'ennemi dès la pointe du jour. Les Anglais sont instruits de ces mouvemens; mais ne sachant si les Flibustiers, ou si les nègres commenceront l'attaque, ils n'osent donner le signal, et attendent que les premiers rayons du soleil éclairent l'événement.

Le chef des Flibustiers fait sonner la charge par un corps de cavalerie noire, qui a reçu l'ordre d'aller jusqu'auprès de l'ennemi, et de manœuvrer de manière à s'en faire poursuivre, pour l'attirer jusqu'aux pieds des montagnes. A la vue de ces noirs, que les Anglais sont habitués à vaincre, leur cavalerie s'ébranle et fond sur eux avec l'impétuosité qu'inspire la rage et le désespoir : les nègres fuyent en combattant. Les Anglais animés par la terreur qu'ils croient avoir inspirée, s'abandonnent à la fougue qui les transporte : mais, ô revers ! ils n'appercoivent le piége qu'on leur a tendu, que lorsqu'il n'est plus en leur pouvoir de l'éviter ; ils sont cernés d'une part par un large fossé recouvert, qui s'est élargi sous leurs pas aussitôt qu'ils l'ont eu franchi ; et de l'autre, les intrépides Flibustiers, comme des bastions indestructibles, leur coupent toute espèce de retraite. Un carnage épouvantable commence ; ce n'est que cris, confusion et gémissemens : pas un cavalier anglais n'échappe à cette boucherie. Monbars, semblable à l'ange de la mort, ne laisse par-tout sur son passage que des cadavres inanimés ; les Flibustiers imitent son exemple, et les farouches nègres-marrons se gorgent du sang des Anglais. Ce premier, mais terrible engagement, fait entrevoir aux malheureux habitans de la Jamaïque quel implacable ennemi l'enfer a vomi sur leurs rives.

Monbars et sa troupe ont besoin de repos; ils regagnent lentement et avec ordre leurs montagnes tutélaires, et laissent aux vaincus, par cette retraite, la triste faculté de venir enterrer leurs morts. Quel champ de dévastation! quel coup d'œil épouvantable! quinze cents Anglais mordent la poussière, et pas un d'eux n'est exempt d'une large et profonde blessure. Les chevaux n'ont pas échappé au sort de leurs maîtres, et il semble que cette élite de la cavalerie anglaise soit tombée au même instant, et comme percée du même coup.

Tandis que Monbars se dispose à de nouveaux combats et à tendre de nouvelles embûches à l'armée anglaise, Vavincourt venait de recevoir du père Saint-Vincent une lettre d'autant plus désolante, qu'elle le plongeait dans de vives inquiétudes sur le sort du malheureux Antonin.

La lettre du supérieur était ainsi conçue :

« Que je vais affliger votre cœur sensible, mon cher Vavincourt! Antonin a fui de notre maison, sans que je puisse savoir où il a porté ses pas. Voici une copie du billet qui a été trouvé dans sa chambre le lendemain de son départ : il annonce encore le désordre de ses idées. »

Billet d'Antonin.

« Je fuis cette terre de désolation, » et je vais expier, sous un autre cli- » mat, le crime que des barbares osent » me faire d'écouter la nature. Je ne » crois pas qu'un seul individu de

» cette

» cette colonie puisse m'adresser le re-
» proche de lui avoir fait ou voulu du
» mal. Si c'est une faute grave aux
» yeux des hommes de déserter le
» poste où j'avais fait vœu de mourir,
» c'est dans le sein de Dieu seul que
» je me réfugie ; me résignant, avec
» la profonde humilité que lui doit sa
» créature, à toutes les punitions qu'il
» lui plaira de m'infliger, soit dans ce
» monde, soit dans l'autre. »

ANTONIN.

Cette lettre plongea Vavincourt dans la consternation. Il donna des larmes sincères à la destinée de son ami, à qui il eût desiré, au prix d'une partie de sa fortune, rendre le repos et le bonheur. L'isolement dans lequel il se trouvait et ses inquiétudes sur son frère, contribuèrent à le replonger dans ses idées mélancoliques. En vain Adèle et Victor s'efforçaient de l'arracher à sa tristesse, il retombait involontairement dans ses sombres pensées. Si j'allais être la cause des malheurs d'Henri, s'écriait-il ; ô mon bon frère, je t'ai causé déjà tant de chagrins ! serai-je assez heureux de t'en dédommager avant de mourir ! Une lettre de Henri vint mettre un terme à ses anxiétés. Il lui mandait ce qui suit : « J'ai été m'embarquer au Férol, sur la frégate la *Trinidad* ; elle doit faire voile, sous huit jours, pour Santo-Domingo ; et si le vent nous seconde, j'arriverai peu de temps après que vous aurez reçu la présente. La Trinidad passera sur la côte sud de l'île, et par conséquent à la vue de vos montagnes ; qu'il m'en coûtera de me trouver aussi proche de ce que j'ai de plus cher au monde, et d'être obligé d'aller débarquer à cent lieues de ma famille : mais j'ai préféré cette voie comme étant la plus sûre. »

Quelle joie répandit cette nouvelle! les travaux qu'avait ordonnés Vavincourt venaient d'être achevés, et tout était disposé pour recevoir Henri suivant son cœur. L'habitant ne quittait plus ses vigies : les yeux attachés sans cesse à l'horison, il cherchait à découvrir, à l'aide de ses télescopes, si une voile quelconque ne viendrait pas rompre la monotonie des vagues. Le surlendemain il apperçut en effet un bâtiment de guerre sous pavillon espagnol, qui, venant de la pleine mer, semblait chercher à se rapprocher de la côte ; mais à mesure qu'il en apprécia les dimensions, il reconnut à leur petitesse que ce ne pouvait être la frégate desirée. Cependant ce bâtiment faisait force voiles pour atteindre l'embarcadaire le moins éloigné de Vavincourt, et bientôt il y jeta l'ancre. C'était M. de Kervarec, venu sur le brick la Loretta. Après quelques heures, il arriva à franc-étrier sur l'habitation de son ami, suivi de Francisque, et se jeta dans les bras de Vavincourt, en lui annonçant qu'il avait reçu l'ordre de quitter la côte sous trois jours, pour s'élever dans l'ouest jusqu'à une certaine hauteur, à l'effet d'y attendre la frégate la Trinidad, qui amenait le nouvel archevêque de Santo-Domingo, et Henri son frère qui s'y trouvait comme passager. A ces détails toute la famille se livra à l'allégresse, et M. de Kervarec promit de prendre à son bord Henri, et de le débarquer de suite sur la côte, pour lui éviter le long voyage de la capitale espagnole, et le remettre plus promptement dans les bras de sa famille. Quel dommage, mon cher hôte, que vous ne puissiez pas vous rendre au bord de la mer dans votre palanquin; la saison est superbe, la mer est tranquille, et une légère brise, en favorisant notre marche, vous mettrait à même d'aller au-devant de ce bon Henri que vous aimez tant. A ces paroles, Victor témoigna le plus vif desir de s'embarqur sur la Loretta, pour aller chercher son père; M. de Kervarec observa qu'il était impossible de profiter d'un plus beau temps. Francisque, qui brûlait d'envie d'aller rendre visite à la famille Laboulai, engagea Victor à faire de ce voyage une partie de plaisir complette. Pauline et Florette devaient en être; et si l'on devait passer deux ou trois jours à la mer, le brick offrait toutes les commodités convenables pour bien s'y amuser. Aussitôt qu'Adèle sut que ses deux amies seraient du voyage, elle voulut également aller au-devant de son père. En vain l'habitant lui représentait qu'il pourrait y avoir des dangers, Adèle répondait que c'était pour se jeter dans les bras de l'auteur de ses jours, et Vavincourt n'avait plus la force de s'y opposer. M. de Kervarec qui était enchanté de réunir cette aimable société à son bord, leva tous les obstacles, fit lui-même les invitations, et disposa toutes choses pour procurer à Henri la surprise la plus agréable. Vavincourt lui-même souriait à cette idée; il sentait qu'il ne pouvait guère s'opposer à cet élan de la nature qui poussait Adèle et Victor dans le sein de leur père : mais toujours plein de tendresse et d'inquiétudes pour une famille sans laquelle il lui était impossible d'exister, sa sollicitude allait sans cesse au-devant des événemens les plus fâcheux, et s'il ne s'opposa pas ouvertement à cette démarche, c'est qu'il craignit aussi de montrer un défaut de confiance dans les talens et la prudence du capitaine, ce qui aurait pu l'affliger.

Le jour du départ arrivé, l'on embarqua toutes sortes de fruits et de rafraîchissemens, dont, après une longue traversée, les navigateurs sont toujours avides. Adèle et Victor, Pauline et Florette, accompagnés de quelques esclaves, s'embarquèrent sous les auspices les plus favorables pour aller au-devant d'Henri.

Vavincourt les vit toute la journée s'éloigner peu-à-peu de la côte ; s'amuser à jeter les filets, tirer du canon, lui faire des signaux d'allégresse, et naviguer vers leur destination par le temps le plus serein. Cependant, quand les derniers rayons du soleil ne lui permirent plus d'appercevoir qu'un petit point bleuâtre qui allait bientôt disparaître tout-à-fait, son cœur se serra involontairement ; une tristesse profonde vint s'emparer de son ame ; d'affreux pressentimens l'assiégèrent ; il lui sembla qu'une voix secrette lui annonçait qu'il avait embrassé ses chers enfans pour la dernière fois. Il gagna son lit avec peine, et le désordre de ses idées était tel, qu'il crut en s'y couchant s'étendre dans un tombeau au fond duquel il devait rester à jamais enseveli.

FIN DU SECOND VOLUME.

TABLE

Des Chapitres contenus dans le second Volume.

CHAPITRE IX. *Fin de la punition de Francisque. Caractère et projets de Monbars.* page 1.

CHAP. X. *Confidence d'Antonin. Résolution de Kervarec. Fin de l'histoire des Flibustiers.* 26.

CHAP. XI. *Partie de pêche. Catastrophe. Nouvelles amours. Lettre de Henri.* 52.

CHAP. XII. *Projets de Vavincourt. Arrivée de Monbars sur l'habitation. Lettre d'Antonin.* 79.

CHAP. XIII. *Retour de William Scott. Histoire de Monbars.* 91.

CHAP. XIV. *Suite de l'histoire de Monbars.* 126.

CHAP. XV. *Nouvel incident.* page 156.

CHAP. XVI. *Fin de l'histoire de Monbars.* 172.

CHAP. XVII. *Passions nouvelles. Arrivée du supérieur de la Charité chez Vavincourt. Dangers d'Adèle. Cadeaux. Départ de Fridérics.* 201.

CHAP. XVIII. *Départ de Kervarec et de Francisque. Eloge de la marine. Harangue de Monbars à ses Flibustiers.* 231.

CHAP. XIX. *Descente de Monbars dans l'île de la Jamaïque. Combat. Fuite d'Antonin. Nouvelles de Henri. Démarche d'Adèle et de Victor.* 249.

FIN DE LA TABLE DU SECOND VOLUME.

www.ingramcontent.com/pod-product-compliance
Ingram Content Group UK Ltd.
Pitfield, Milton Keynes, MK11 3LW, UK
UKHW020555230726
13926UKWH00005B/2036